Los años terribles

YOLANDA REYES

Fotografía de cubierta:
Carlos A. Santacruz

G R U P O
EDITORIAL
norma

http://www.norma.com
Barcelona, Bogotá, Buenos Aires, Caracas, Guatemala,
Lima, México, Miami, Panamá, Quito, San José,
San Juan, San Salvador, Santiago de Chile.

Copyright© Yolanda Reyes, 2000
Copyright© Editorial Norma, S.A., 2000
A.A. 53550, Bogotá, Colombia

Esta novela obtuvo una Beca de Creación Literaria otorgada
por el Ministerio de la Cultura de Colombia en 1997.

Impreso por Editora Géminis Ltda.
Impreso en Colombia – Printed in Colombia
Junio, 2011

Dirección editorial: María Candelaria Posada
Diagramación y armada: Ana Inés Rojas

ISBN: 958-04-5633-X
ISBN: 978-958-04-5633-9

CONTENIDO

*A Luis Calderón,
desde el fondo de
los años terribles.*

*Como si existiera el sentido común... El sentido no es común;
es único. Para encontrarlo hay que recorrer todo el camino del
sentido común y luego devolverse, desandar los pasos.
No hay nada más individual ni más solitario que la
búsqueda del sentido.
Si es que existe...*

UNO

TRES RETRATOS

¿Cuál era vuestro rostro antes de que
vuestro padre y vuestra madre
se hubieran encontrado?
Texto zen.

I. JULIANA

Yo soy la mayor. Me llamo Juliana. Nací un día nueve del mes nueve, de un año que termina en nueve. Debió ser a las nueve de la mañana, más o menos. Pero ese detalle de la hora es inventado. Sinceramente, nadie tiene la menor idea. Eso lo vine a descubrir un buen día porque la tía de una amiga, que es esotérica, me iba a hacer la carta astral y necesitaba saber mi hora exacta de nacimiento, para ver en qué punto estaban Saturno y la Luna y quién sabe qué más astros. Cuando le pregunté a mi mamá a qué horas nací, ella se puso muy nerviosa y me contestó "no me acuerdo". Imagínense: ese día se derrumbó la novela rosa de mi nacimiento. Que la propia mamá, que supuestamente lo adora a uno, que es el mayor, el que le cambió la historia y le dio el título de mamá... Y resulta que no sabe a qué horas le sucedió semejante cosa.

Yo seguí insistiendo, "pero, mami, dime más o menos alguna hora" y ella cada vez se ponía más nerviosa y cambiaba de tema. Entonces fui a donde mi papá y sucedió lo mismo. Y probé con los dos juntos, cara a cara, estilo detective, para espiar sus gestos y sus reacciones. Ahí fue peor... A mi papá se le deslizó un "mejor no hablemos de eso", y no se imaginan cómo me sentí. Desde entonces, cada vez que pongo el tema, sucede algo parecido. Mi papá mira a mi mamá como diciendo "¿le contamos?" y luego se hace un minuto de silencio. Nada qué ver con los cuentos de hadas. Más bien suena a historia típica de telenovela. Podría llamarse la sombra del pasado o algo así. Sólo me ha faltado ir a hablar con el médico que estuvo en mi nacimiento. Si no fuera tan cursi, o si al menos supiera quién era el médico, o dónde diablos está...

Total, que, para resumir, me quedé sin carta astral y además durante mucho tiempo pensé "soy adoptada". Pero después de mucho darle vueltas en la cabeza y de imaginar todo un rollo sobre mis trámites de adopción, llegué a la conclusión de que eso es imposible. Soy el vivo retrato de mi papá, dice la abuela. Él hombre y yo mujer, es lo único. De resto, la misma mirada, la misma cara, la misma boca grande, con los dos dientes enormes, arriba. (Sí, los dientes de conejo son mi punto débil, o sea, el más notorio.) Mis tías también son dientonas. No cabe duda, ese es un rasgo de familia. Y mi carácter también, dice mamá, cuando discuto con ella. (Casi todos los días, o a veces dos o más veces en una hora.) Mi mamá me dice que heredé el genio de la familia de papá. No sé si lo dice en serio... Ella sabe que yo sé lo que piensa sobre la familia de mi papá. Por eso debe ser que me lo dice.

De mamá, en cambio, tengo muy poco. Tal vez el cuerpo, que no está nada mal. (O bueno, no estaba, antes de engordarme. Ahora parezco un tanque, según mi hermano, que va siempre directo al punto del dolor.) A veces me encantaría parecerme más a mi mamá, que siempre fue la niña bonita de la casa, pero esas cosas nadie las escoge. Y en últimas, tampoco me importa mucho ni mucho menos le importa a esta historia. El caso es que no soy adoptada (creo), que no sé dónde

11

diablos estaba Saturno cuando vine al mundo y que nadie está interesado en aclarar el misterio de mi nacimiento. Ese es el eslabón perdido, un misterio del calibre del Triángulo de las Bermudas, todo un agujero negro. Y como esta no es una novela de detectives, lo más probable es que nunca se resuelva. En últimas, lo importante es que soy la mayor de mi casa y la mayor de mis primas. Yo nací primero. Y por eso, simplemente por eso, me toca el primer turno para contar la historia.

Tengo dos hermanos hombres, menores, y soy la única mujer. "La única mujer…Cómo serás de consentida", dice la gente. ¿Ustedes se han preguntado por qué la gente dice siempre las mismas cosas ? En algún momento alguien debió empezar la cadena, seguro pensó eso y lo dijo y así debió empezar la costumbre de repetir siempre la misma bobería, sin pensar, sin conocer nada más, sin ton ni son. Yo no sé si soy o no soy consentida. A veces sí y a veces no. Cuando me conviene, dice papá. Pero eso no tiene importancia. En realidad, es salirse del tema. El tema es mi historia y quise comenzarla por el comienzo, o sea por las "oscuras circunstancias" que rodean el misterio de mi nacimiento. Pero quién sabe si mi vida empezó en ese momento. O sea, obvio que empezó antes de ese día. Por supuesto que ya sé de dónde vienen los niños, y, por consiguiente, hay que calcular nueve meses atrás para hablar de un verdadero comienzo. Claro que eso pertenece a la vida privada de mis papás y no quiero hacerles más preguntas por ahora. Si ni siquiera saben a qué horas nací, tampoco deben acordarse de cómo me hicieron.

II. VALERIA

Una vez, a los tres años, yo estaba en el parque con mi papá y él se encontró a uno de sus amigos de toda la vida. Mi papá, muy orgulloso, le dijo a su amigo: "Esta es Valeria, mi hija". El amigo de papá, dijo cualquier cosa, algo así como: "Hola, Valeria, cómo estás de grande". Yo me puse furiosa y le contesté: "Yo no soy grande, yo soy mediana". Desde ese día, siempre me cuentan la misma historia como un gran chiste.

Yo no le encuentro la gracia, será porque siempre he cargado con eso de ser la mediana. Estoy en la mitad de mis hermanos y, con las primas de mi edad, también soy la del medio, en orden de aparición, (de nacimiento). Ni la mayor ni la menor, digamos que soy el relleno del sándwich. Tampoco soy gorda ni flaca, ni muy alta ni demasiado baja, sencillamente, mediana. Ni muy bonita, ni muy fea. Ni blanca ni morena, trigueña, como dice mi tarjeta de identidad. Estatura: normal. Señales particulares: ninguna. Ni siquiera uso gafas, como por decir algo que pueda distinguirme. No he sido nunca infeliz pero tampoco puede decirse que viva saltando de la felicidad. Digamos que tengo una vida normal. No me la paso discutiendo con mis viejos, como ciertas personas, pero tampoco soy una mosquita muerta.

Para completar, no encajo bien con nadie en las reuniones de familia. Cuando vamos a la casa de la abuela, me aburro con mis primos pequeños porque son muy niños, pero tampoco pego con los grandes. Mi mamá dice que estoy en la edad de la "caca de gato". (Perdón, así le dicen en mi casa a la adolescencia. No sé en qué se parecen la adolescencia y la caca de gato. Es más: nunca he visto —ni olido— la caca de gato y creo que en mi casa nadie ha tenido esa experiencia. Que yo sepa, nunca ha habido gatos.) Ya empecé a irme por las ramas. Se ve que no soy muy buena para los retratos hablados... ¿qué más quieren que diga? Debe ser que no soy nada del otro mundo.

Hay gente con más personalidad. Gente de ideas fijas y temperamentos fuertes. Yo vivo rodeada de gente así. Por ejemplo, tengo un hermano mayor, Antonio, de diecisiete, que casi nunca me determina y que sólo me dirige la palabra para regañarme porque jura que es mi papá. Y una hermanita pequeña, de ocho años, que es INSOPORTABLE y sapa, para rematar. (La rana Mariana dice croac, croac... le canto, cuando quiero que haga un berrinche, pero entonces salta mamá a defender a su mascota. ¡croac!...) Por el lado de mis primas, la cosa es peor : Juliana y Lucía son tan dominantes, que se la pasan en una sola pelea. Desde chiquitas, en los juegos, siempre han estado tratando de demostrar quién manda más, quién es más fuerte. Y para que se mueran de la risa, siempre parezco la más fuerte, por pura casualidad. Yo, que nunca he estado interesada en entrar en su competencia.

Desde que me acuerdo, hemos estado en las mismas. Les voy a dar un ejemplo típico: Juliana quería jugar a las muñecas, digamos. Y Lucía, que era buena deportista, quería quemados, para reventarnos con el balón. Entonces empezaba la pelea y duraba horas la discusión. Y yo, que era la boba de las tres, finalmente decidía. Porque si escogía muñecas, ya eran dos contra una, y mayoría gana. Y si escogía quemados, pues igual. Yo era una especie de trofeo que Juliana y Lucía se disputaban. O sea que las dos tenían que echarme cepillo para convencerme de que las apoyara.

Siempre he sido la que define de qué lado está la fuerza. Sin proponérmelo, claro. Así, con mi cara de mosquita muerta, como dicen en mi casa. Qué envidia, dirán algunos, pero no siempre es tan fácil. Uno termina sin saber quién es ni que quiere, ni de qué lado está. Además, tengo un problema: cambio de bando con mucha facilidad. La gente cree que lo hago a propósito pero, qué quieren que haga, no es mi culpa... Siempre encuentro en cada discusión, un poco de razón de lado y lado. Debe ser cierto lo que dice mi prima Lucía: No tengo personalidad. "Al sol que más alumbre", remata mi prima Juliana y eso me duele mucho, seguro porque es verdad y la verdad duele. No es fácil ser mediana. "Si Juliana te dice que te botes por un precipicio, entonces, ¿tú te botas?" me dijo una vez Lucía, muerta de la ira. Yo no supe qué contestarle... Soy pésima para discutir. A la larga, sí. Si Juliana me dice, yo me boto por el precipicio, sólo para no tenerme que pasar la vida peleando por idioteces.

Ahora, todavía a esta edad, sigo metida en la competencia permanente de mis primas. Ya no se trata de jugar quemados o muñecas, sino de esperar con impaciencia a ver quién crece más rápido y quién es más madura. Quién tuvo primero la regla, quién necesitó primero usar *brassier,* pero *brassier* de verdad, con copa, no con relleno. Quién consiguió novio primero. Pero novio de verdad, con besos de verdad, etcétera, etcétera. A veces me pregunto si seguiremos eternamente con el mismo juego : "Monja, viuda, soltera o casada", como dice la cancioncita esa que se juega saltando lazo. (¿Quién se casa primero, quién tiene hijos primero, cuántos hijos, quién se queda soltera, quién se divorcia y cuántas veces y quién no, quién se muere primero, quién se va para el cielo, quién para el purgatorio y quién para el infierno?) Qué horror lo que estoy diciendo, de pronto borro estos últimos renglones. Otra vez me desvié del tema. ¿Cuál era el tema? No me cuesta trabajo empezar a divagar. Ah… se me olvidaba un dato clave: a los nueve años le hice mi primera visita a la sicóloga del colegio. *Motivo de la consulta: Se le dificulta expresar sus sentimientos,* decía el papel. Creo que la sicóloga no pudo dar con el chiste o, al menos, eso debe pensar mi mamá cuando dice que soy hermética.

III. LUCÍA

Esa noche, en la finca de mi abuela, mamá estaba sola con sus cuatro hijos. Cuatro hijos y medio, porque estaba embarazada ; estaba esperándome a mí. Era semana santa, y el resto de la gente se había ido a ver la procesión de medianoche. La casa era una sola penumbra. Mis hermanos ya estaban acostados. De pronto, mamá oyó ese ruido, que venía del cuarto de los niños. Ella sabía que no era un ruido de niños. Era algo diferente... Un rumor de pasos, lento, rítmico, como pasos imaginarios; "un eco de pasos" dice ella, siempre que lo cuenta. Muerta de miedo, mamá se levantó corriendo a revisar el cuarto de los niños y se quedó petrificada con lo que vio: la llama de una vela —sin vela, sólo la llama— pasó, una por una, sobre la cabeza de cada uno de los niños. Mamá vio la llama detenerse en cada cabeza. Gritó del pánico y tres de mis hermanos se despertaron y se fueron corriendo a su cama. No hubo poder humano que los hiciera volver al cuarto de los niños, dice ella. De hecho, esa noche durmieron todos apretujados en la cama grande y mamá no pegó los ojos, en un bordecito del colchón. Sólo mi hermano Manuel se quedó en su propia cama esa noche. Por algo era el mayor. Tenía ocho años, iba a hacer la Primera Comunión y se las daba de valiente.

Al otro día temprano, Manuel le preguntó a mamá:

—¿Cierto que si yo me muero con la medalla del Ángel de la Guarda me voy directo hacia el cielo?

—Mi amor, de todas formas, con o sin medalla, tú te vas a ir al cielo —le contestó ella—. Pero ahora no hablemos de esas cosas, estás muy niño para pensar en la muerte.

El día siguió como de costumbre. Sólo fue después de almuerzo, cuando encontraron muerto a Manuel. Se había ahogado en la alberca. Él ya sabía nadar, por eso nunca nadie supo bien qué pasó.

Yo soy la menor. La quinta. Nací cinco meses después de ese día. Me llamo Lucía.

Sí, soy Lucía y nací para llenar un gran vacío. O mejor, nací después de ese gran vacío que dejó la muerte de mi hermano. Un vacío que nunca pude llenar, por más de que me lo propuse, con o sin conocimiento. (Hay cosas que siempre se saben, hay cosas que se sienten sin palabras, en un lugar entre la piel, el estómago y el corazón, aunque después lleguen las palabras y las bauticen con un nombre.)

"A un hijo no lo reemplaza nadie", oí decir siempre a mamá. Siempre, desde que me conozco. Siempre, desde que tuve uso de razón, como dice la abuela. Durante mucho tiempo no pude entender el sentido exacto de sus palabras. Cargué con su tristeza y con su resignación, traté de hacerme la graciosa, traté por todos los medios de existir, de hacerme notar, para que ella corriera la nube espesa de su mirada triste y me viera. Ahora, que soy adolescente, entiendo que todo eso era imposible. Soy Lucía, un nombre borroso, soy el reemplazo de un fantasma.

Dicen que para crecer hay que rebelarse contra

los padres, hay que destruir sus imágenes y armar una identidad propia. Yo no tuve que hacer eso. Nunca sentí que yo fuera una parte de mamá. Al menos, ese paso me lo ahorré.

Con mi papá, las cosas fueron distintas. Completamente distintas. Yo era la niña de sus ojos. "Lucía, la luz de mis ojos" me decía, medio en chiste, medio en serio, cuando era muy pequeña. Lo recuerdo desde siempre, desde que era una bebé. (Aunque digan que los bebés no tienen memoria.) Me veo muy pequeña, con cólico, y lo veo a él meciéndome en la mecedora, con la canción de Joan Manuel Serrat, que es su cantante preferido.

...Si alguna vez, si algún día
después de amar amé
fue por tu amor, Lucía.
Lucía.

Papá escogió mi nombre. A veces pienso que tuvo una novia que se llamaba Lucía. No sé si es porque he armado toda una historia con la canción de Lucía. No sé si durante un tiempo, en vez de su hija, me creí su novia. (O quise ser su novia...) Eso me hacía sentir tan avergonzada... Después leí en una revista *Vanidades* que esa es una etapa normal en la infancia, que les pasa a todas las niñas, que se "enamoran" de su papá y que a los niños les pasa lo mismo, pero con su mamá. Ese día llegué a la conclusión de que no soy nada original y saber eso me tranquilizó. Pensé también que mamá me tenía celos (¿O yo a ella?) y también se me ocurrió que mi relación con papá era parecida a la que tuvo ella con Manuel, su hijo mayor, su "hombrecito", como le dice todavía cuando se acuerda de él.

Después de leer esa revista, entendí un poco mejor a mamá. Ella dice que soy muy niña, que hay cosas que todavía no puedo entender, que la vida se encargará de enseñarme. Tantas veces me ha dicho: "Eso sólo podrás sentirlo cuando tengas tus propios hijos" o frases típicas así de ese estilo, que, sólo por rebeldía, pienso que no le voy a dar gusto, que no voy a tener hijos, para no tener que saber esas cosas que lo vuelven a uno tan amargado.

> *Desperté de ser niño,*
> *nunca despiertes.*
> *Triste llevo la boca,*
> *ríete siempre*
> *siempre en la cuna*
> *defendiendo la risa*
> *pluma por pluma...*

Así dicen los versos de Miguel Hernández que canta papá. Me los canta a mí y me cuenta que Miguel Hernández se los escribió a su hijo cuando era bebé y él no lo conocía porque estaba en la cárcel. A mí me gustan pero no estoy de acuerdo con Miguel Hernández. Para mí no ha sido fácil ser niña. No sé qué es lo que tanto envidian los adultos de los niños. Siempre me ha pasado lo contrario: envidio a los adultos, que ya tienen la vida para ellos y no tienen que pasársela de aquí para allá pidiendo permisos para esto y lo otro. Permisos, premios, castigos, órdenes, cosas que tienes que comer, hacer o decir y que supuestamente "son por tu bien", como dice la abuela.

No quiero seguir siendo niña, ya no soy una niña. Quiero crecer del todo; de una vez por todas. Despertar de ser niña. Crecer rápido y punto.

DOS

TEJIENDO TRENZAS

Trenza: Conjunto de tres o más cabos cruzando alternativamente cada uno de ellos por encima y por debajo de los otros.

Diccionario Kapelusz de la Lengua Española

I. JULIANA

Nos peinaban con trenzas, a mí y a mis primas, y creo que, en el fondo, pensaban que cada una era apenas uno de los cabos de la trenza. Durante ese tiempo, las tres también suponíamos que, para existir, era necesario ser parte de una trenza. Y, claro, como las trenzas, estar agarradas a una cabeza. Éramos tan amigas las tres primas, teníamos tanta suerte de haber nacido casi al tiempo y en una familia tan unida. Eso decían los adultos, cuando llegábamos todos y nos reuníamos alrededor de la mesa maciza de la finca, con la abuela en la cabecera. Todo parecía como de *Mujercitas*, qué conmovedor...

−A ver, bien derechitas, espalda con espalda, cola con cola, péguense bien y no hagan trampa, para saber cuál está más alta −decía la tía Luisa, que era la encargada de medirnos cuando llegábamos a La Unión, a pasar las vacaciones.

"Espejito, espejito, dime cuál es la más bella", pensaba yo en esos momentos interminables antes del veredicto de la tía Luisa. Esperábamos los resultados como si estuviéramos en el reinado de *miss* universo. Era algo tan angustioso como esos momentos en los que se anuncia primero a la princesa y la princesa sonríe y besa a la virreina, pero lo que quiere es desaparecerla, y luego anuncian a la virreina y la virreina sonríe y felicita a la reina, pero lo que quiere es matarla, ojalá ahí, para ocupar su lugar. Y la reina llora, cuando le anuncian que es reina. Y se abraza de las otras, que supuestamente deben estar felices, compartiendo semejante triunfo. Pero que no son más que unas hipócritas y están verdes de envidia.

Nos jugábamos la vida en esa estupidez. A los nueve años, ser la más alta era una cuestión de honor. Yo nunca pude ganar. Por más que me estiré y traté de alargar cada músculo y cada hueso, mi prima Lucía ganaba. La diferencia era de uno o dos centímetros, algo así de insignificante. Pero siempre fue la más alta, a pesar de ser la menor. Lástima que nunca, a ninguna de las tías, se le ocurrió hacer una prueba de la más acusetas. Esa también se la habría ganado Lucía. Y si lo infantil pudiera medirse en centímetros, ella habría ganado por más de un metro.

–Cada uno es cada cual y cada cual tiene sus mañas –decía la abuela cuando nos veía peleando por esas bobadas. Ahora pienso que la abuela y todos en mi familia tenían la culpa de nuestras peleas. Eran tan o más infantiles que nosotras y se la pasaban haciendo comparaciones. Quién habló primero, quién sacó las mejores notas, a quién quieres más: a tu papá o a tu mamá, a tu tío o a tu tía. Eso se aprende de los adultos, yo creo. Y, en el fondo, uno se la juega. Uno le apuesta al "me quiere mucho... poquito... nada". Cae en la trampa de ser el más... el más lo que sea, para que lo quieran. Y de pronto descubre que nada de eso sirve para nada.

Pero estábamos hablando de trenzas y de vacaciones en la Unión. Y no sólo de peleas. Estamos hablando de tener nueve años y de ir al trapiche con la

tía Luisa a hacer melcochas y de asomarse a las pisci-
nas de piedra, donde está la panela hirviendo. Estoy
hablando de ese olor a panela que entra por la nariz
y se cuela en mi memoria. Los cucharones grandes
revuelven y revuelven, hasta que salen los angelitos
de caramelo y la tía Luisa los pone hirviendo en el
mesón y nosotras nos quemamos las manos y la lengua para probarlos, y los angelitos de caramelo se
pegan al paladar y es como saborear un pedazo del
cielo. Y la tía Luisa, con sus manos, estira la panela,
mueve los brazos, mece la panela, la agranda, la achica, de aquí para allá, y los hilos de panela se van
aclarando con el ritmo de sus brazos fuertes, hasta
que se convierten en masa para melcochas.

Entonces nos da un poco a cada una. Un poco
para Juliana, un poco para Valeria, y un poco para Lucía, siempre así, con las mismas palabras y en el mismo
orden. Y hay que seguir estirando la melcocha, abriendo y cerrando los brazos, como si tuviéramos un ovillo
de lana, hasta que las melcochas quedan en su punto.
Un punto mágico que nunca supe exactamente cuál era.
Sólo lo sabía la tía Luisa y un poco también Lucía, que
era la más hábil con las manos. Cada melcocha se convierte en una trenza, luego se enrosca y se pone sobre
las hojitas de naranja, que hemos recogido en la huerta.
Nos repartimos las melcochas listas, en tres grupos. Yo
escondo las mías y me las voy comiendo poquito a
poco, no le regalo a nadie, hasta que se me pela el paladar. Pero las mejores melcochas son las que uno se come
ahí mismo, en el trapiche, mientras va preparando la

receta. Después se secan y se endurecen y ya no tienen la misma gracia.

También comparaban las melcochas, cuáles habían quedado en su punto, y ya les conté quién era la más hábil con las manos. Valeria y yo nos esforzábamos pero no demasiado. En el fondo, imaginábamos el veredicto de las tías. Hay competencias desiguales en las que uno no debería participar y , sí, uno va aprendiendo poquito a poco. Dirán que todo esto es una idiotez, pero para mí era importante, precisamente porque todos decían que eran boberías y porque estos sentimientos nunca se podían mostrar en público. Es más: de eso no se hablaba y en mi casa siempre ha existido la ilusión de que sólo existe lo que se ve, lo que se toca y lo que se puede decir en voz alta. Esto, que se llama envidia, no se podía tocar y además era pecado. Uno de los siete pecados capitales, decían las tías. "Si la envidia fuera tiña, cuántos teñidos hubiera", era una frase que pronunciaba la tía Carmen, en el momento justo, y yo sentía que no me quitaba los ojos de encima. Disimuladamente, me examinaba la piel, pero nada se me notaba. Por dentro era otra cosa, por dentro estaba teñida de verde. Verde, del color de la envidia.

II. VALERIA

Qué triste es tener nueve años,
más me valieran noventa
este año he sufrido tanto
que casi pierdo la cuenta.

La abuela, en la finca, nos enseñó ese verso a las tres durante unas vacaciones. Era larguísimo y mi memoria no es muy buena. Por eso sólo me acuerdo del comienzo y, bueno, de la idea principal, como dicen los profesores. Se trataba de una niña de nueve años que no cuadraba en ninguna parte. Con los niños no, porque ya no era niña, y, con los adultos, se sentía como mosca en leche. Cada vez que iba a opinar o a meterse en una conversación, la mandaban a callarse o a jugar. Yo no sé si a mí me empezó a pasar eso a los nueve o antes o, de pronto, fue después. Pero, la verdad, a veces me sentía como la niña de la historia. La abuela decía que ese verso se lo había enseñado su abuela a los nueve años y yo no podía imaginármela con nueve años. Es más, confieso: me parecía que en cualquier momento se iba a morir. Y sólo por pensarlo, me sentía horrible, como una malvada niña, con malos pensamientos.

Pero la culpa de pensar que la abuela se iba a morir no era sólo de mis malos pensamientos. Las tías siempre hablaban de eso, en voz baja y diciendo sin decir, como sólo pueden hacer los adultos. Un silencio aquí y otro allá, una mirada, un gesto, nada muy claro, hasta que cumplió los setenta. Ese día hubo una misa en la finca, con toda la familia, que ya era como de cuarenta personas, sumando hijos, nietos y un biznieto. Yo me acuerdo de mis trenzas amarradas con dos lazos inmensos, blancos y ridículos, que se estrellaban contra mis mejillas al correr, y de mi vestido de encajes, hecho por mamá, que picaba horriblemente y que todo el mundo admiró. (Todos, menos yo.) Me impresionaron dos cosas: la ropa y la misa. Esa fue la primera vez que vi celebrar un cumpleaños con misa y no con fiesta y me acuerdo que pensé: "le hacen misa porque ya es vieja y se va a morir". También me acuerdo que ese día no comulgué, por haber pensado ese mal pensamiento y mis primas me miraron como a un bicho raro, seguro diciendo, "quién sabe qué pecado habrá cometido para no comulgar". Acabábamos de hacer la Primera Comunión y las tres éramos siempre las primeras en la fila de las misas familiares. Eso era parte de pertenecer al mundo de los grandes.

Total, no comulgué en la misa de los setenta y, cuando llegaron los setenta y uno respiré aliviada. La abuela seguía ahí igualita, vieja, pero sin morirse. Desde esa época empezaron los comentarios de las tías:

—Tenemos que reunirnos todos para el cumpleaños de mamá, porque quién sabe si este sea el último —ordenaba, con cara larga y de circunstancias, la tía Carmen. Y todos movían la cabeza como diciendo, "sí". Y recogían la cuota para el almuerzo y conseguían a un cura pariente de mi abuela, que era arzobispo, para la misa y veníamos en carro o en avión, desde todas partes, desde donde cada uno viviera, para que no faltara nadie al "tal vez último cumpleaños". Y cada vez la abuela cumplía más años y cada vez había más gente que invadía La Unión: más nietos y más biznietos y más novios que ya se iban a casar y que ese día nos presentaban formalmente. Pero ella aguantaba igualita la invasión, aprendiéndose más nombres y sin morirse, y yo podía comulgar tranquila.

Qué triste es tener nueve años, más me valieran noventa. Un día, en alguno de esos cumpleaños, me sentí igual a la vieja niña del verso. Juliana y Lucía, como cosa rarísima, estaban de muy amigas y casi no me determinaron en todo el día. Sólo se acordaron de mí cuando el juego era yo, o mejor dicho, cuando estaba en juego mi "falta de personalidad".

—Valeria, ¿a ti quién te gusta más de los primos grandes: Juancho o Lucho? —me examinaba Juliana.

—No sé —contestaba yo—. ¿A ti?

—A mí Lucho. Ni comparación.

—Sí, ni comparación —repetía yo.

—A mí Juancho me gusta más. Es divino —decía Lucía y me miraba, amenazante, para que yo la apoyara.

—Sí, pensándolo bien, Juancho es divino —repetía yo.

—Pero decídete, Valeria —me exigían Lucía y Juliana, en coro—. Al fin, ¿cuál de los dos?

Yo miraba a Juliana, luego a Lucía y dudaba. Las dos estaban muertas de risa. Y cambiaban todo el tiempo de opinión, para ponerme trampas y hacerme cambiar a mí, desesperada, de un lado a otro, como en un partido de ping pong, sin saber cuál primo me gustaba más, porque me daba lo mismo, porque en el fondo, no me gustaba ninguno de los dos, nadie me gustaba, ni yo misma ni las primas. Y, con los ojos llenos de lágrimas, al fin me atreví:

—Ninguno me gusta, no me gustan los hombres —grité y salí corriendo. Ellas se quedaron ahí, riéndose y yo alcancé a oír las risitas y las frases finales:

—No le gustan los hombres. ¿Será que entonces le gustan las mujeres?

—Es que no tiene personalidad. Tan boba.

En ese triste cumpleaños hubo baile, para completar. Creo que, desde entonces, me traumatizan las fiestas bailables. Yo "comí pavo" toda la fiesta. (Así llaman las tías a quedarse sentado en una fiesta, porque nadie lo saca a bailar a uno. Es una frase absurda, porque se supone que uno puede bailar solo, sin que nadie lo saque. Para eso tiene pies...) Hasta la abuela bailó, por darles gusto a las tías y por jugar al "no le pasan los años", a pesar de que yo sé que le dolían los juanetes. Ella misma me lo confesó y me dijo que ojalá se fueran todos, para poderse acostar tranquila. Me lo dijo en secreto cuando vino a sentarse a mi lado y a ponerme tema, lo que me pareció casi un milagro. Seguro me vio triste. Juliana y Lucía también bailaron. Juliana con Lucho y Lucía, con Juancho o al revés, no me acuerdo.

El caso es que yo, sentada en esas sillas que quedaron amontonadas en un rincón de la sala, contempla-

ba la escena y me sentía un bicho raro, entre los ronqui-
dos de todos los primos chiquitos y los bailes de los
mayores (incluyendo a mis primas, que ya empezaban
a sentirse en esa categoría, ¡qué ridículas!) Todavía me
veo ahí, tan infantil, con un cuello marinero demasiado
grande, en ese rincón de la sala. Fue la primera vez
que quise morirme, para ser invisible. Aunque después
corregí mi mal pensamiento: no tenía necesidad de
morirme. Ya era invisible. La prueba era que estaba ahí,
en medio de tanta gente, y nadie se metía conmigo. No
sé si era triste tener nueve años... ahora que lo pienso y
lo escribo, todo parece tan infantil, tan de poca importancia. Tal vez ese día estaba especialmente sensible, o
tal vez me dejé sugestionar por los versos que nos en-
señaba la abuela. Ni idea.

III. LUCÍA

Me preguntan por la infancia y yo digo qué horror. Sólo se salvan las vacaciones en La Unión. Pienso en la piscina de agua helada y en mis dedos arrugados de viejita. "Les van a salir escamas", decía tía Luisa para obligarnos a salir, pero a nosotras nos resbalaba. "Les entra por un oído y les sale por otro", se reían los adultos. A nosotros no nos importaba que el agua fuera helada, ni que se hubiera ido el sol. No nos importaba "hacer la digestión" y esperar una hora después del almuerzo para podernos volver a meter al agua. Tía Luisa contaba que a un señor, un día, le había dado un ataque por meterse a nadar después de almuerzo, sin esperar la digestión. Nunca, por más que se lo preguntamos mil veces, supo decirnos el nombre ni el apellido del señor. Mis primas decían que eran mentiras de ella, para obligarnos a reposar el almuerzo. Yo llegué a sospechar que hablaba de Manuel, mi hermano mayor, que se ahogó en la alberca, precisamente después de almuerzo.

Sé que me querían más, para qué voy a negarlo. Sé que la abuela y tía Luisa se morían por mí, que me protegían y que, de alguna forma, querían compensarme por la vida triste que era la vida en mi casa, con una mamá siempre haciendo de víctima, siempre vestida de negro, de gris o de azul oscuro. De chiquita sólo recuerdo una vez a mamá, con un vestido largo de color lila, cuando fue al matrimonio de mi prima Clemencia. Se veía linda, brillaba. Y recuerdo que a mí, con siete años, me pareció rarísimo verla maquillada, con el pelo en una moña, del brazo de papá. Más tarde me regalaron un portarretrato y yo escogí esa foto de mis papás juntos, felices, listos para la fiesta. Puse el portarretrato en mi mesa de noche y esa era la imagen que miraba cada día, tercamente, al acostarme y al levantarme. Era como un amuleto mágico. Yo pensaba que, de tanto mirar esa imagen alegre, iba a cambiar la cara larga de mamá. Pero esa mamá de la foto era reemplazada todas las mañanas por la mamá de verdad y la mamá de verdad estaba triste.

Al otro día, después del matrimonio, se volvió a poner una falda larga azul oscura, y yo le dije, "ma, por favor, recorta el vestido, para que puedas usarlo todos los días". Ella me hizo sentir que había dicho lo más absurdo y descabellado de toda mi vida. "Es un vestido de gala, finísimo, ¿cómo se te ocurre decirme que lo dañe?", me contestó tratando de decir "tú no entiendes". "Entonces, vístete siempre de lila", insistí, pero ella no me quiso hacer caso. No pudo o no quiso, siempre me quedará la duda, con lo fácil que hubiera sido recortar el vestido, en vez de guardarlo para siempre en el armario de los manteles. Habría podido también comprar telas de color lila o rosado, tampoco era pedir rojo, no era nada del otro mundo.

Pero llegaban las vacaciones y yo me sacudía del olor a guardado de mi casa, de las faldas oscuras de mamá y de su cara larga, y me iba a vivir a la finca de mi abuela. Mis papás y mis hermanos se quedaban en la casa en Bogotá y sólo iban los fines de semana a visitarme. Yo siempre era la primera en llegar. Primero que Juliana y que Valeria. Y era la última en irme. Raspaba las vacaciones y respiraba un aire de libertad que me daba fuerzas para aguantar tantos meses de encierro que luego se me venían encima, entre el colegio y la casa.

Durante las vacaciones dormíamos las tres primas en un cuarto que se comunicaba con el de tía Luisa. Cuando, a medianoche, el fantasma de Manuel hacía chirriar la puerta del armario para hacerme bromas, yo no entendía que eran travesuras típicas de un niño y salía corriendo para la cama de Luisa. Temblando le contaba en secreto lo que él me había hecho y ella no era como papá y mamá, que siempre decían, "son imaginaciones tuyas, los fantasmas no existen". Luisa sí me creía; sabía que era verdad. En secreto, me decía que no tuviera miedo, que Manuel sólo quería verme porque él me había visto en la barriga de mi mamá y no había alcanzado a conocerme. También decía que era un niño fantasma, una presencia celestial y que no debía tenerle miedo, que él estaba ahí para cuidarme. Yo le creía y me abrazaba a ella, y así, bien apretadas, hablábamos de Manuel hasta que me quedaba dormida. Al otro día, mis primas me descubrían en la cama de Luisa y se burlaban de mí, como la niñita que no puede dormir sola. En el fondo, se morían de celos. Lo supe siempre y eso no me disgustaba. A los nueve años, yo sabía que necesitaba cariño. Chupaba afecto como una esponja. Necesitaba abrazos y disimulaba dándomelas de fuerte.

Era mandona y dominante, qué le voy a hacer. Ahora me doy cuenta. Si hubiera podido aplastar a mis primas, las habría aplastado. Las dejaba regadas en las competencias de natación. Les pegaba durísimo con el balón, cuando jugábamos básquet. Mis piernas eran más largas, corrían mejor y se agarraban de la tierra cuando trepábamos monte arriba, en las excursiones. Mis manos eran hábiles y sabían hacer las melcochas casi tan bien como Luisa. Fui siempre la más alta, la mejor deportista, la más acusetas, la más consentida, la de voz más chillona. Necesitaba ser todo eso. Necesitaba que allá en La Unión, alguien me quisiera más que a nadie. (Y Luisa me quería así.) Mi abuela también me quería mucho pero, al menos ella, trataba de disimular y jugaba a que nos quería a las tres igual. Ahora que ya he crecido, cuando todas esas cosas no están en juego, cuando la vida se define en otras pruebas, me niego a creerlo. Necesito creer que mi abuela me quería más que a nadie en el mundo.

TRES

SEÑALES DE ADOLESCENCIA

Te decía que en el alma y la piel
se le borraron las pecas
y su mundo de muñecas pasó.

Joan Manuel Serrat

I. JULIANA

Un buen día te vuelves monotemática. Te salen pelos en las axilas. Te compran desodorante. Tu mamá busca momentos para conversar contigo de mujer a mujer. Te habla de los secretos de la vida. Se ve nerviosa, pero trata de parecer muy natural. Te previene y te anuncia cambios que van a suceder en tu cuerpo. Tú ya lo sabes todo, ya lo has leído en las revistas, te lo han explicado en el colegio, en la clase de comportamiento y salud, lo has hablado una y mil veces con tu mejor amiga, sabes que a una del otro curso ya le vino la regla, tratas de sacar pecho delante del espejo, miras los *brassieres* en las vitrinas de los almacenes. Pero cuando tu mamá te da la conferencia típica sobre lo que va a suceder, te haces la de las gafas. Tratas también de parecer muy natural y un poco ignorante, para no desilusionarla, para que crea que ella es la que sabe y que tú estás descubriendo el agua tibia, gracias a sus palabras. Por lo menos, así me pasó a mí.

Cuando mi mamá empezó con sus clases teóricas, yo ya era una experta en la materia. Había leído mucho. Todas las *Vanidades* y *Cosmopolitan* de mi casa y de las casas de mis amigas explicaban qué hacer cuando su hija llegue a la pubertad, cómo ser amiga de una hija adolescente, en qué consiste la adolescencia, etcétera. Digamos que trataban de solucionar los problemas de los adultos, o sea que yo estaba muy bien informada sobre lo que debía hacer una mamá con una hija adolescente. El problema era que yo no era la mamá, sino la hija. Por eso creo que no me sirvieron de nada las lecturas. Tenía 12 años, me sentía común y corriente, pero, según las revistas y según mi mamá, se me estaba acabando la infancia. Un buen día empecé a darme cuenta de que era cierto. Lo que estaba escrito me estaba pasando a mí. Aunque todo llegó de una forma diferente. No puedo decir el día exacto. Hubo algunas señales regadas por ahí, mezcladas con muchos días comunes y corrientes. Tal vez por eso no supe bien a qué horas empecé a volverme grande.

La primera señal verdadera fue la de los zapatos. Estaban de moda los zapatos con tacón y plataforma y las más grandes de mi curso tenían. Por fin logré convencer a mi mamá para que me los regalara de cumpleaños. Fuimos las dos solas, sin mis hermanos, al almacén donde mi mejor amiga los había comprado. Nunca se me olvidará cuando la señorita los trajo entre la caja, en número 36. Eran unos mocasines negros con tacón: mi sueño hecho realidad. Cuando me los medí, me parecieron un poco ridículos, habría preferido unos tenis de colores divinos que estaban en la vitrina. Pero no. Tenía que comprar los mocasines negros de mi mejor amiga. Caminé con los tacones en el almacén y arrastraba horriblemente los pies. Me sentía subida en una plataforma gigante, tenía miedo de resbalar, de que se me doblara el pie, de hacer el oso. Mamá trató de ayudar: "Si no te gustan, podemos mirar otros que sean más de niña, más de tu estilo". La fulminé con la mirada.

La señorita y mi mamá se miraron, cómplices, como diciendo, "no hay quien las entienda". Yo no volví a abrir la boca.

–¿Estás segura de que esos son los que quieres? – se atrevió a decir mamá.

Volví a fulminarla con la mirada como diciendo, "obvio, qué pregunta". Ella pagó y dijo entre dientes algo así como, "carísimos, ojalá no se queden guardados en el armario". Intercambió otras miradas con la señorita buscando comprensión y haciéndose la mártir y la señorita la entendió perfectamente. (Seguro tenía otra hija de doce años, pensé, y la miré con odio.) Salimos del almacén sin hablar. Me subí en el carro y cerré la puerta de un portazo. A mi mamá se le acabó la comprensión que aconsejaban las revistas. Me echó un sermón durante todo el camino de regreso y me dijo que era una desagradecida. Yo la oía y sabía que tenía razón pero más la odiaba y más ganas me daban de ser detestable. No hablé durante el resto de la tarde. Me encerré en el cuarto y puse mi música a todo volumen. Cuando me tocaron a la puerta para que pasara a comer, grité que no tenía hambre. Nadie fue a rogarme, nadie se metió conmigo, por órdenes de mamá.

Esa noche me dormí llorando. Con los tacones ahí mirándome desde los pies de la cama sentía que me estaba despidiendo de algo. No podía parar y tampoco sabía bien por qué lloraba. Nunca me había sentido tan triste en toda mi vida. La verdad es que no me gustaron mucho esos primeros zapatos de tacón. Eran demasiado adultos para doce años, pero tenía que usarlos por una cuestión de honor. Ir a las fiestas con mis amigas y tener la misma ropa. Los mismos *jeans* rotos y desteñidos, pero con la marca de moda. La misma camiseta, el mismo peinado y hasta los mismos gestos. Teníamos que ser igualitas para ser alguien en la vida.

La segunda señal fue una miniteca en la casa de Paula, mi mejor amiga. Ella escogió a las más amigas del curso, que además supieran bailar. Éramos diez y yo estaba feliz porque no invitó a Valeria ni a Lucía. En realidad, mis primas eran un poco infantiles y no clasificaron para la fiesta. Juan Esteban, el hermano de Paula, que era dos años mayor, invitó a diez de su curso. O sea, que éramos diez y diez, para que nadie se quedara sin bailar.

Para completar, papá, mamá y mis hermanos fueron a llevarme todos en el carro. Yo hacía fuerza para que nadie estuviera en la puerta, cuando llegara semejante paseo. (Otra señal, ahora que lo pienso, era esa: de repente, mi familia me parecía ridícula, me avergonzaba encontrarme a una amiga un sábado y que me viera con mis papás y mis hermanos. La familia empezó ser algo que se oculta, como una enfermedad contagiosa e inevitable.) Papá, que todavía me creía su nenita, le dijo a mamá que me acompañara hasta la puerta, que le preguntara a la mamá de Paula a qué horas tenían que venir a recogerme. Ella le contestó que mejor yo llamaba luego... total, iban a estar en la casa viendo las películas que acababan de alquilar. Yo se le agradecí con la mirada y aproveché la discusión para bajarme del carro y decir chao, con la mano. Con la mente les dije más cosas: "Por favor esfúmense de la faz de la tierra y hagan que arranque ese carro antes de que se abra esta bendita puerta". Funcionó la telepatía. La puerta se abrió y no volví a saber de mi familia.

Cuando entré, me sentí horrible. La sala ya estaba llena y dividida en dos, lista, más para un round de boxeo, que para una miniteca. En este lado, los hombres y en este otro, las mujeres. En la mitad, como jueces y árbitros, los papás de Paula, una tía y hasta la abuelita, todos en plan de "divinos los niños, tan tiernos, quién lo creyera, cómo pasa el tiempo", pero sin creerlo en serio, como viendo una representación de ésas típicas del colegio. Claro, entrar en escena, significaba un examen de pies a cabeza. Sentí más de 20 miradas, desde la abuelita para abajo, examinándome o desvistiéndome, depende del punto de vista y de a quién perteneciera la mirada... (¿Qué estarían diciendo "los hombres"? ...Y mis amigas, ¿me aprobaban?) Las manos me sudaban y el corazón se me iba a salir del cuerpo. Tenía miedo de que se me doblara un pie, con mis zapatos nuevos de tacón. Pero desfilé bien y logré llegar hasta mi puesto sin hacer ningún movimiento que me delatara. Empecé a intercambiar secretos, risitas y miradas con Paula, Daniela y María, que me quedaban al lado y así, poco a poco, me sentí mejor. El ambiente empezó a relajarse: alguien apagó una luz, el papá de Paula ofreció Coca Cola con unas gotas de ron, las estrellitas de la miniteca empezaron a iluminarnos, sonó la canción de moda, *Pies Descalzos*, y los "hombres", fieles a su papel antiguo, tomaron la iniciativa. Se levantaron de sus asientos y atravesaron la sala rumbo a nosotras. Eran momentos interminables: por quién vendrán, hacia quién se dirige este, uff, qué horror, me va a tocar el del acné. Afortunadamente ése se desvió y escogió a Daniela, pobre Daniela, pero, al fin y al cabo, la sacaron a bailar, qué suerte, qué tal que a mí no me sacara nadie ...

De pronto vi que se acercaba el de los *jeans* rotos, el más alto y el más a la moda. Venía caminando derecho hacia mí. Me puse a hablar con María de cualquier cosa, ninguna sabía de qué... Las dos pensando en él y no en la conversación. Espejito, espejito, ¿quién es la más linda, por quién vendrá el de los *jeans* rotos? Pensé que me tendía la mano y me levanté de mi silla pero venía por María. "¿Bailas?", le dijo el de los *jeans* rotos a María y ella dijo que sí. Yo los odié a los dos y me quedé ahí, como un tomate. Me alisé la blusa con un gesto exagerado para que todos vieran que era eso lo que estaba haciendo, que para eso me había levantado de la silla, pero deseando que la tierra se abriera y me tragara ahí mismo. Fueron los segundos más largos y más ridículos de toda mi vida.

–¿Quieres bailar? –me preguntó Juan Esteban. (¿Era conmigo?) Dudé un segundo pero esta vez era cierto: era conmigo. No sé si lo hizo para rescatarme o si simplemente fue porque quería, en todo caso no importaba: yo lo adoré. Bailé toda la noche con él, que tampoco sabía bailar casi. Las manos le sudaban, creo que también estaba nervioso, hasta que, poco a poco, el miedo se nos fue quitando. Él tenía catorce y yo doce. Esa noche, cuando mi papá vino a recogerme, me sentí adolescente. Ya no tenía nada qué hablar con él.

–¿Qué tal la fiesta?... ¿Sí te sacaron a bailar? –me preguntó, medio incrédulo, medio burlón, y también muerto de la curiosidad. Yo le dije un "ajá", muy poco convencido, un ajá impersonal, como quien dice "todo estuvo más o menos, no preguntes más, no te metas, es mi vida". Él debió entenderlo porque no habló más en todo el camino. Menos mal sonaba una canción de los *Beatles*, "esos gemelitos de la época de papá", como los llamaba mi hermano menor. *I wanna hold your hand* cantaba él, tratando de hacerse el joven. Yo sólo podía pensar en Juan Esteban. Cerré los ojos para repasar cada instante. La última frase que me dijo fue: "¿Puedo llamarte?". Mi respuesta había sido un sí, tímido, para no parecer demasiado emocionada o demasiado nerviosa. ¿Qué tal si contestaba mi papá, o uno de mis hermanos?... ¿Quién se aguantaba la burla? ¿Qué tal que no me llamara, qué tal que pensara que yo no quería? Mi voz había sonado tan neutral, podía asustarse o sentirse rechazado. Bueno, pero si me llamaba, ¿qué iba a decir...? Traté de ensayar un poco la conversación.

–Despierta, Juliana. Ya llegamos.

Me bajé del carro haciéndome la dormida, como si de verdad despertara de un sueño profundo. El reloj daba las doce de *La Cenicienta* cuando entramos a la casa. Sólo falta que mamá esté despierta y que me enloquezca a punta de preguntas, pensé. Pero nadie rompió mi encantamiento. Papá entendió perfectamente y sólo dijo, "hasta mañana". Me encerré en el cuarto, me quité los zapatos de tacón y me miré de reojo en el espejo, repasando mi imagen de la fiesta. Desde el otro lado del espejo, me saludó Juliana, la otra, la que había bailado toda la noche con Juan Esteban. Las dos nos sonreímos, con sonrisa de "Hola mundo, aquí estoy", como en la propaganda de jabón Johnsons. Esa noche me dormí sabiendo que esa palabra tan esperada, que se llama adolescencia, por fin empezaba a tener un significado real.

II. VALERIA

—¿Qué quieres hacer de cumpleaños? —me pregunta mamá.

—Nada especial —digo indiferente. Me da lo mismo.

—Podrías invitar a tus amiguitas, como el año pasado, —insiste.

—No tengo amiguitas —protesto, y subrayo el diminutivo. ¿Por qué todo lo mío termina en "ito" o en "ita", cuando lo dice ella?, me pregunto con rabia, pero no se lo digo, claro. Nunca digo nada. A veces me parece que, en vez de hija, soy su osito de peluche. Piensa por mí, decide por mí, me pregunta y ella misma se contesta.

—Ya sé, tengo una idea: ¿qué tal si organizamos un paseo a la finca de la abuela? Hace tiempos que no se reúne toda la familia. Tu cumpleaños es una excelente disculpa. Además, cae en domingo. Y con estos días que están haciendo... ¿Ah?

Mamá me mira exagerando la felicidad de su buena idea. (De su disculpa.) Yo sigo enfurruñada y más muda que de costumbre. Organizamos suena como si fuera mucha gente. Y ella es la que organiza, no yo. Organiza: ella. Tercera persona del singular.

—Los trece años son una fecha especial. ¿No te parece?

No me parece pero, claro, no se lo digo. O, bueno, no se lo digo con palabras. Y ella parece no entender el lenguaje de los gestos.

Total que ya decidió por mí. La oigo llamar a todo el mundo y repetir el mismo rollo telefónico una y otra vez.

—Sí, es el domingo. Hay que aprovechar esa finca, antes de que les dé por venderla... Con la situación de este país, no tendría nada de raro... No te preocupes, yo me encargo de llevar todo.

—Sí, un asado, para celebrarle el cumpleaños a Valeria. Sí, trece años ya. Imagínate, cómo pasa el tiempo, bla, bla...

—Sí. El domingo próximo... bla, bla, bla. Con toda la familia. Hace tiempos que no nos reunimos. Es un buen motivo.

Yo sólo la oigo desde lejos y no intervengo en los preparativos. Es la fiesta de mamá y yo soy su disculpa. (Que conste que ella lo dijo primero.) Siempre se sale con la suya. Así que aparezco con trece años, en domingo, y aquí estamos, todos reunidos, en mi cumpleaños feliz.

A los trece, la familia deja de ser la familia ideal. Uno se pregunta qué tiene que ver con toda esa gente y, por más que lo piensa, no encuentra ninguna respuesta decente.

—Feliz cumpleaños, Valeria —me dicen las tías cacatúas.

—Feliz cumpleaños —repite detrás mi tío político.

—Feliz cumpleaños —me besa la tía hipócrita que no hace más que criticarme.

—Felicitaciones, nena —dice la abuela y me entrega un paquete inmenso, como en los viejos tiempos, cuando cumplir años era lo máximo de la vida. (Ya no me dan tantas ganas de romper el papel de regalo para ver qué hay adentro y mamá me hace una cara terrible, como diciendo, "emociónate, no seas tan desagradecida".)

Llega Juliana, con su típica cara de &&%% (ya saben qué) y sus uñas azules oscuras con escarcha. Boca torcida pintada de negro y zapatos de tacón. Demasiado elegante para una finca, pienso, y eso que yo poco me fijo en la ropa. Pero es que parece sacada de una revista de *rock*, tan creída.

Llega Lucía, con su cara de tragedia. Idéntica a su mamá, que siempre ha sido la pobrecita de la familia. "Pobre Carmencita", dice la abuela, "lo duro que le ha tocado", remata, y todos dicen "sí, pobre, qué vida". Son frases automáticas. Frases gastadas que se dicen en familia, aunque nadie sepa bien qué significan. Nadie tiene ganas de inventarse algo distinto.

—El sol está delicioso —dice mamá y se queda mirándome. ¿Por qué no se meten a la piscina?

Las tres nos miramos como tres perfectas desconocidas. Juliana exagera el torcido de su boca negra. Lucía exagera su "pobrecitez". Y yo, como siempre, no expreso nada: soy el relleno del sándwich. El sol pica. Pienso que, de pronto, sería buena idea meternos al cuartico las tres, como siempre, ponernos el vestido de baño y salir corriendo a la piscina. Pero no me atrevo a proponerlo: puede sonar infantil y ahora hay que andarse con pies de plomo para no meter la pata. Antes no éramos así; antes teníamos unas costumbres, unas rutinas, una amistad secreta, unos juegos. Ahora no jugamos a nada. En el colegio no nos determinamos, cada una tiene su grupo. Algo se ha roto. Los gestos y las costumbres de antes ya no significan lo mismo. El problema es que no tenemos otras costumbres de reemplazo. Seguimos ahí paradas, con ese calor, como tres bobas atravesadas, tres bocas torcidas en la mitad de tanta gente con caras felices.

Hasta que mamá rompe el hielo. Me lleva a un lado, me aprieta el brazo, disimuladamente. ¿Es un apretón o un pellizco?

—Deja de hacer esa cara de dolor de estómago. Te vas YA a poner el vestido de baño, a ver si arreglas este velorio. Tú eres la anfitriona y tienes que dar ejemplo.

¿Ejemplo de felicidad? ¿Ejemplo de fiesta? Sólo se da ejemplo cuando es algo de portarse bien, pienso, pero, claro, no digo nada. Obedezco, como siempre. Y me encierro en el cuartico de siempre, al lado de la piscina. Desde el espejo de siempre, me veo plana como una mesa, y con esos vellos negros ridículos que me han empezado a salir en desorden, debajo del estómago. Ya no tengo el cuerpo como antes, pero este cuerpo de ahora tampoco parece mío. Tengo ganas de llorar o de quedarme ahí parada pero mamá vuelve a resolver mis pensamientos. Golpea a la puerta con un "sal inmediatamente de ahí". Obedezco y me pongo el vestido de baño. A tiborro toda mi ropa en el maletín de los 101 Dálmatas, que, viéndolo bien, está un poco pasado de moda.

(Fue mi regalo de doce años y, de repente, me parece como si lo tuviera hace siglos.)

Me clavo de cabeza en la piscina y la atravieso de tres brazadas. Las cosas se achican cuando uno crece... Cómo cambian las distancias, las alturas, lo que antes se veía gigantesco y ahora estoy metida en esta piscina tan pequeña. Pienso en hoy hace seis años, exactamente. Cumplí los siete y ese día aprendí a nadar aquí mismo. Necesitaba dar veinte brazadas para llegar de un lado hasta el otro y era tan difícil...Yo contaba y nadaba y siempre estaba a punto de hundirme, pensaba si iba a llegar hasta el otro extremo. Sentí lástima de la piscina, tan pequeña y tan ridícula, ¿pueden creer? Tenerle lástima a una piscina, ¡qué pensamiento tan idiota!...

Aburrida y sola entre el agua, vi cómo Juliana y Lucía conversaban, con sus bocas torcidas, cada boca para un lado diferente. De pronto las vi salir a encerrarse en el cuartico. Parecían tan amigas, a leguas se notaba que hablaban de sus cosas privadas, que ellas sí tenían secretos para compartir. Mis dos primas "trillizas" habían crecido más rápido, me habían traicionado, pensé, y creí que nunca iba a perdonarlas por semejante humillación. Es absurdo y, de pronto hasta anormal, sentir celos de otras mujeres. Peor todavía si son primas. Se supone que celos es una palabra para novios o problemas así, de amor. Pero entonces, ¿qué es eso que uno siente cuando son tres y de pronto hay una que ya no cuadra en el grupo? ¿Una que dejan abandonada? ¿Cómo se llama lo que uno siente cuando lo sacan del triángulo? Existen sentimientos que no tienen palabras.

Qué cantidad de bobadas las que alcanzo a pensar por minuto.

Las dos salen por fin del cuartico. ¿Es un paseo, o un desfile de modas? Juliana muestra su bikini de brassier exagerado. Se cree de dieciocho, pero a leguas se nota que es puro relleno. Lucía se lanza a la piscinita insignificante con una clavada deportiva, de campeona olímpica.

—¡Uff, qué agua tan helada! —exagera Juliana, con una voz de "qué horror de plan".

—Aquí es imposible nadar sin tropezarse. Esta piscina es como de juguete, —remata Lucía, con voz despectiva.

Yo las odio. Pero, claro, no digo nada. Sólo muevo la cabeza con cada una de sus frases como diciendo "sí, qué horror, estoy de acuerdo con ustedes". Siempre estoy de acuerdo. Lo único bueno de cumplir años son los regalos.

III. LUCÍA

La familia de la propaganda está en un campo maravilloso, lleno de flores amarillas. Sobre un mantel de cuadros rojos y blancos, típico de propaganda, está el canasto, típico del *picnic.* Lógico, todos se ríen y comen felices. Son dos y dos, como siempre en las familias de las propagandas: Un papá y una mamá, un niño y una niña. Se me olvidaba lo más importante: el sol es resplandeciente. De repente, un relámpago rompe la propaganda en dos pedazos. Resquebraja el cuadro. Y una voz tenebrosa dice algo así como "Porque nunca se sabe cuando puede llegar la tempestad, mejor protéjalos a tiempo. Seguros de Vida La Previsora. Porque nunca se sabe".

En la vida real de mi familia, que no era tan parecida a la de la propaganda, un buen día sucedió. Sólo que no había seguro para eso. Nunca se sabe cuándo puede llegar, no se han inventado el seguro contra el dolor. Un domingo te lo anuncian en la mesa del comedor, sin mantel de cuadros. Pásame el arroz, no te sirvas todas las papas, que falta Santiago, no hables con la boca llena. Y, de pronto, el relámpago que rompe todas las frases de siempre, todas las rutinas, todos los gestos y todos los sentidos. "Su papá tiene algo importante para decirles", anuncia mamá, siguiendo el libreto que han ensayado con anticipación. Su voz suena húmeda. Tiembla, a punto de llorar. Papá la reemplaza, justo a tiempo, toma la palabra para decir que él y mamá han decidido... han decidido separarse.

Yo casi no oigo el resto, que es largo. Oigo lejana la voz de Pilar, mi hermana mayor, que ensaya sus consejos de primer año de sicología, oigo ecos de la furia de Santiago, mi hermano, que los acusa de irresponsables, oigo retazos de las preguntas prácticas de Carlos que dice tener experiencia porque su mejor amigo pasa la mitad de la semana con el papá y la otra mitad con la mamá... ¿Con quién vamos a vivir?, pregunta. A mis oídos llegan las respuestas estudiadas de papá y mamá, que han dejado de pelear y que, de repente, parecen estar misteriosamente de acuerdo en todo lo que se refiere a nosotros, "para evitarnos cualquier sufrimiento". Han tenido tiempo de pensar en cada detalle, lo tienen todo previsto, aunque no tienen a La Previsora. La casa va a seguir igual, nosotros nos quedamos con mamá, papá se va. Por ahora va a vivir en un hotel. Más adelante planea conseguir un apartamento, con varios cuartos o, bueno, al menos con un cuarto adicional para nosotros cuatro. Nos espera los fines de semana, claro que nos tocará apretarnos un poco, dice, tratando de sonar natural, con frases cotidianas. Tal vez compre camarotes: uno para las niñas y otro para los muchachos, me parece oír.

Yo sólo los odio. Yo sólo quiero taparme los oídos y concentrarme en masticar muy bien cada bocado para que el estómago no me duela así. Yo sólo abro la boca para seguir comiendo, pero la boca también duele. De repente siento que el dolor me inunda toda, que hasta el aire duele al respirar... Las lágrimas empañan la escena borrosa, la cara de papá, en la cabecera, el ruido de los cubiertos que se apodera del silencio, cuando ya todas las palabras se han ido gastando. Siento que la mesa del comedor se resquebraja, como en la propaganda, siento que un relámpago lo destruye todo de repente. Soy la única que llora, no soporto la sensación de ridículo, con tantos ojos clavados en mis lágrimas. Me levanto de la mesa, salgo corriendo y me encierro en el cuarto. No quiero volver a salir de ahí. No puedo hablar. Sólo sé que los odio. Como nunca en la vida he odiado a nadie.

Paso la tarde entera llorando. Me duermo llorando y duermo profundamente hasta que el despertador me arranca el sueño. Durante unos instantes sigo con anestesia. Pienso qué día es hoy y supongo que hay colegio, por el despertador. Todavía soy feliz, o soy como siempre, soy inocente. Hasta que la cabeza vuelve a recordar. Retomo el hilo del día anterior y hasta ahí me llega la inocencia. La película se devuelve al almuerzo del domingo y quedo suspendida en el dolor. Papá y mamá van a separarse, no fue una pesadilla. No fue, porque siento que los ojos me arden, de tantas lágrimas, y oigo la ducha sonar y sé que es Pilar, mi hermana, lavándose el pelo, como siempre, y se me vienen a la memoria sus consejos de sicóloga barata, como le dice Carlos. Tengo que gritarle que me deje agua caliente pero la voz sigue sin salir, tengo un nudo en la garganta. Entonces sé que tengo que hacer un esfuerzo para levantarme y tocarle en la puerta, me va a dejar sin agua. No puedo. Sólo quiero dormir. Si me duermo, sigue la anestesia, si me duermo, todo es como antes y quizás me despierto en otro día, en "antesdeayer", cuando todavía no ha pasado nada. Me tapo la cara con las cobijas. Sigo ahí.

La voz de mamá y su mano que me toca la frente vuelven a traerme a la vida real. "Está ardiendo de fiebre", dice, con un reproche, y, sí, es un reproche para papá, que aparece al otro lado de mi cama. Papá, que se va a vivir a un hotel, mientras compra el apartamento y los camarotes. Mamá parece echarle la culpa de mi fiebre y de su tristeza, que es eterna. Los odio a los dos, con sus malditas decisiones adultas salpicando mis trece años y mis entrenamientos de basket. (Mañana es el partido, recuerdo, y trato de sacar fuerzas para levantarme al entrenamiento.) Mamá se ha ido a buscar el teléfono del médico, pienso si será para tanto, me parece que exagera para impresionar a papá. "Lucía, la luz de mis ojos", me dice papá, haciéndome masajes, como cuando era su niña pequeña y me daban cólicos. No lo miro, ya no soy su niña, *desperté de ser niña, nunca despiertes,* ya no soy la luz de sus ojos, mis ojos no tienen luz, es la fiebre, lo odio, cómo puede hacerme esto, cómo puede irse sin llevarme. Decido cerrar los ojos y morirme.

Veo que todos van y vienen, como sombras que entran y salen de mi cuarto, no sé si hoy es mañana o antesdeayer. Mi abuela y Luisa también me visitan y hasta creo que el fantasma de Manuel es esa figura borrosa que se agranda y se achica en mis pesadillas.

Veo también a papá, pero no estoy segura de si todavía vive aquí o si ya se fue para el hotel, alcanzo a ser mala y a pensar que puedo seguir enferma siempre, para que todas las decisiones se aplacen, para que no se vaya, para que la vida normal vuelva a la casa, porque esto no es normal, no puede ser normal que un papá se vaya de un momento a otro.

"Tantos años no se pueden dejar tirados, las cosas no se pueden acabar así", vuelvo a oír la furia en las palabras de mi hermano Santiago, sólo que nosotros no somos cosas, peor que eso: somos gente. Y estamos acostumbrados a los finales felices de las telenovelas, que empiezan a acabarse poco a poco, hasta que cada cosa se va resolviendo con cuidado, una por una, sin dejar ningún cabo suelto, y por fin aparece la palabra FIN, con estrellitas. En cambio aquí, el FIN es de un día para otro, sin introducción, nudo y desenlace, sin preparación, sólo el conflicto que estalla, como en la propaganda de los seguros y ya, se acabó todo de un relámpago.

Pero después empiezan a hacerme efecto los remedios y la fiebre se va yendo y empiezo a tomar jugos y luego me vuelve a salir voz para preguntar qué hay de comer y veo la cara de mamá, que vuelve a sonreír, con esa pregunta mía. Mamá, qué me mira, casi tuve que ir a morirme y volver a nacer para que se digne saber que existo, para que no me pierda, como ya perdió a papá. Yo se lo advertí (lástima que los hijos no podamos decir "yo te lo advertí" y reclamar luego nuestras advertencias, no tenemos derecho). Nunca lo

mirabas y no ibas a las fiestas con la disculpa de cui-
darnos, odias la política, que es la vida de papá. "Yo te
lo advertí, ma", la miro y se lo digo sin voz, con una
mezcla de odio, de lástima y de cariño, al fin y al cabo,
es mi mamá. Ella me mira y vuelve a sonreír, con la
mejor sonrisa que le he visto en los últimos años. Decido quedarme con ella. Aunque, recapacito, nadie, nunca
me ha preguntado con quién quiero quedarme. ¿A quién
quieres más: a tu papá o a tu mamá…?

*Desperté de ser niño, nunca despiertes, triste llevo
la boca, ríete siempre*, son los versos de Miguel
Hernández que vuelven a sonar en mi cabeza después
de tantos años de cantados. Entre fiebre y pensamientos, ya ha pasado una semana y mis pasos automáti-
cos vuelven a caminar, van hasta el paradero, después
de tantos días, como cuando todo era normal.

Antes de subirme al bus, miro hacia mi casa, clavo los ojos en la ventana de papá y mamá. Desde afuera,
todo parece igual. Las cortinas todavía cerradas, como
siempre a esa hora. Seguramente mamá sigue dormida, abrazada a la almohada de papá, así la vi cuando
salí. Desde afuera, nada indica que papá se fue. Quiero
quedarme con esa imagen. Sigo mirando hacia la habi-
tación de papá y mamá, hasta que me subo al bus. Me
siento en la ventanilla, son puestos fijos, y sigo mirando. El bus se aleja y dobla la esquina. La casa se queda
allá, con las cortinas cerradas. Menos mal hoy es lunes
y vuelvo tarde, tengo entrenamiento de basket. *Lunes
otra vez / sobre la ciudad / la gente que ves / vive en
soledad,* me acuerdo de una canción que canta mi her-

mano con la guitarra eléctrica. Una nueva semana que empieza, ¿una vida diferente también empieza? Desde mi ventana veo *la espantosa risa de la pálida ciudad* y mi mente se aferra a los versos de la canción, para evitar pensar pensamientos propios. *Siempre será igual / nunca cambiará / lunes es el día triste y gris de soledad.* Es preferible cantar que pensar.

CUATRO

METAMORFOSIS

Metamorfosis. Transformación de una cosa en otra.
Zool. Cambio que experimentan muchos animales
durante su desarrollo y que se manifiesta, no sólo en
la variación de forma, sino también en las funciones
y en el género de vida. Llámase sencilla cuando la
forma del animal se mantiene constante, pero adquie-
re nuevos órganos, como las alas en los grillos;
complicada, cuando la forma del animal al nacer no
tiene ningún parecido con la de su estado adulto,
como en las mariposas.

Diccionario de la Real Academia Española

I. JULIANA

"Juliana, al teléfono", dicen las palabras de mi mamá. Pero su tono de voz dice más cosas. Dice, "otra vez al teléfono", gruñe, "por qué no contestas, si ya se sabe que es para ti"... Refunfuña, "si siempre es para ti, si te la pasas colgada del teléfono, si todo el mundo se queja de que es imposible comunicarse con esta casa". Su voz echa humo. Yo me hago la de las gafas, me hago la boba, como si no entendiera su cantaleta muda y sólo contesto con un "ya va, mami", lo más indiferente que me sale. Puede ser Juan Esteban, que anoche me preguntó si quería ser su novia y yo le dije que iba a pensarlo y nada que llama para que le dé mi respuesta y el corazón me late a toda velocidad. Contesto con un "hola" estudiado y descolorido, por si acaso. Al otro lado, me desinfla Paula, que quiere que le dicte la tarea de matemáticas.

–Un momento traigo el cuaderno –le digo, de muy mala gana, aunque ella no tiene la culpa. Nadie tiene la culpa por los hermanos que le tocan en suerte; además, por lo general, todos son "la pálida". Empiezo a dictarle, sabiendo que es larguísima la tarea, que en cualquier momento, viene mi mamá a preguntar, "¿Todavía hablando por teléfono? Llevas media hora..." Siempre dice media hora, aunque sean diez o 45 minutos. Y claro, sólo con pensar la palabra mamá, aparece ella, en carne y hueso, qué telepatía, y empieza a dar vueltas a mi alrededor, como si fuera un perro que quiere que lo saquen al parque a hacer sus necesidades.

Me pongo nerviosa, pero sigo dictando y hablo duro: conjunto A en intersección con el conjunto B. Son cosas serias, mamá, son operaciones matemáticas que seguro tú ni entiendes, en tus tiempos no se daba teoria de conjuntos, en tus tiempos de pronto ni había teléfono, qué sabes tú de la vida moderna, fuera de regañar a todas horas, no me comprendes, le digo con el pensamiento, mientras mis palabras siguen dictando fórmulas enredadas y Paula copia despaciosa y allá lejos se oyen voces en su casa, pero aguzo el oído y no es la voz de Juan Esteban. Es el papá de Paula, también con el tema del teléfono. Parece como si todas las familias se hubieran puesto de acuerdo, parece que no tuvieran más oficio que dar vueltas alrededor de sus respectivos teléfonos. (¿Será por eso que Juan Esteban no se atreve a llamarme? ¡Tan cobarde!) Me muero por preguntarle algo, disimuladamente, a Paula. Al fin y al cabo, es mi mejor amiga y yo le tengo toda la confianza del mundo. Pero no sé por qué no me atrevo; ya voy en el último renglón de la tarea de matemáticas y se me están acabando las oportunidades de saber algo.

—Bueno, Juli, chao y gracias —dice Paula—. Ay, oye, casi se me olvida: Que Juan Esteban te manda un beso.

—Que gracias y que lo mismo —le contesto, con la mayor naturalidad posible en estos casos.

Cuelgo el teléfono, vuelta un ocho de sentimientos. Quiero matar a Paula, cómo se le podía "casi olvidar" semejante cosa, ¿acaso no me conoce? ¿Acaso no sabe que un beso de Juan Esteban, así sea por teléfono, es lo más importante que me puede pasar a mí en la vida? Al mismo tiempo, quiero saltar hasta el techo. Me repito mentalmente "que Juan Esteban te manda un beso" y la cara se me ilumina, de regreso al cuarto. *Preferiría tu sonrisa a toda la verdad* canta Fito Paéz en mi grabadora. Soy feliz, por un momento. *Todo es imperfecto amor y ...obvio*, sigue Fito con su *Cadáver Exquisito*, me encanta esa canción. Entonces ¿por qué no me llama?, me entristezco. Paso de la felicidad a la tristeza. En la revista *Luna* dicen que esa es una señal de adolescencia: "cambios bruscos en el estado de ánimo", lo llaman, con su nombre científico. Me encierro en el cuarto. Lo menos que me interesa es encontrarme a alguno de los personajes que deambulan por mi casa. Que me dejen en paz, con mi música a todo volumen. ¿Será mucho pedir?

Por supuesto que es mucho pedir. Mamá, que no tiene nada distinto para hacer que molestarme, da golpes en mi puerta como si fuera la policía. "Ya te he dicho que no tienes que encerrarte", me dice, con su cara de espía. Trato de respirar profundo, no quiero pelear, no quiero perder tiempo en discusiones idiotas, sólo quiero tiempo para pensar en Juan Esteban y para seguir oyendo mi *compact : cada vez que me miras / cada sensación/ se proyecta la vida / mariposa teknicolor /*. Pero ella insiste, tiene ganas de buscarme la pelea, y le digo que no estoy haciendo nada malo y ella me contesta que me voy a quedar sorda (nada que ver con el tema, qué descordine). Y, en el colmo del abuso, se abalanza sobre la grabadora y le baja el volumen, a ver si podemos hablar. Y yo vuelvo y le subo lo más que puedo y le grito que no quiero hablar, que no tenemos nada de qué hablar. Y ella vuelve al botón del volumen y lo gira con rabia, pero yo sigo gritando, ahora más fuerte, que respete mi música. Y ella contesta que eso no es música sino ruido y yo le grito que estoy en mi cuarto y ella dice que el cuarto está en su casa y que mientras yo viva en su casa... ya saben el resto. *Tiembla el mundo que no entiende al final,* sigue Fito Páez, reducido al volumen más bajo, pero yo alcanzo a oírlo mientras mamá sigue con su cantaleta y vuelve a tomar impulso, hasta que no aguanto más y le digo que me deje en paz y ella me exige que baje la voz y yo contesto que la voz es mía. Que la voz es mía y ya no es voz sino alarido y ella se sale del cuarto haciéndose la víctima, como si yo fuera la mala de la película. Y no se da cuenta de que fue precisamente ella la que me descontroló. Yo estaba aquí tranquila, sin meterme con nadie, y ahora sollozo en la almohada y ya no sé ni siquiera por qué fue la pelea ni por qué lloro así.

Llevo tus marcas en mi piel. La voz de Fito me transporta de regreso a las estrellitas de la miniteca de anoche y a las marcas de Juan Esteban en mi piel y me trae su respiración acelerada que me asusta y me inquieta a la vez y vuelvo a sentir sus manos húmedas, pero ya no me importa que le suden las manos. Ya no digo "qué asco", como decíamos con mis amigas en el recreo, cuando comentábamos paso a paso nuestras primeras fiestas. Trato de recuperarme un poco y me seco las lágrimas para desahogarme con mi diario.

Escribo con rabia, no sé si escribo sólo por esta rabia que tengo. No sé si escribir es simplemente dejar salir esta rabia. Trazo marcas furibundas en el papel, si pudiera, atravesaría la página. Un poco de furia se va quedando en cada letra. Nadie puede entenderme. Me siento tan sola...

II. VALERIA

La vida está llena de contradicciones. "Sé tu mismo", dicen los profesores, los libros de comportamiento y salud y hasta las propagandas de Coca Cola. "Hay que tener personalidad", dicen mis primas, lo que viene a significar lo mismo, dicho con otras palabras. Pero si soy como soy, no encajo. Así de simple: sigo sintiéndome como mosca en leche. Nada qué ver con nadie.

Un día, en la cafetería, estábamos haciendo planes para el fin de semana. Se me ocurrió abrir la boca y decir que ojalá papá llegara temprano a la casa para que nos invitara a todos a comer a Mac Donalds. Me miraron como si acabara de hablar en idioma marciano y nadie dijo ni mu. Sólo Juliana se atrevió a preguntar si no me daba oso.

—¿Oso de qué?

—Pues de que alguien te vea.

—¿Cómo así?

—Pues así —la apoyó Paula—. Que te vean un viernes con tu papá, ¡qué oso!

—No. Mi papá no me da oso —contesté muy ofendida.

Todo el mundo me miró como diciendo "pobre", pero nadie dijo nada. Hasta mis supuestas amigas, que también pertenecen al "grupito de las infantiles", como nos llaman en el curso, estuvieron de acuerdo en hacer esa misma cara de "pobre Valeria". Me sentí sola, pero tampoco fue nada del otro mundo, nada de decir "me suicido", como cree mi mamá que me siento cuando no me invitan a una fiesta. No es para tanto. ¿Qué tiene de malo que no me gusten las fiestas? ¿Acaso a todas tienen que gustarnos las mismas cosas?

Hoy vino mamá al colegio a hablar con la sicóloga. Vino a escondidas mías, no me había contado nada, pero yo estaba en el patio de recreo, cerca al estacionamiento. La vi entrar y salí corriendo para ver qué pasaba. Pensé que debía ser algo muy grave y que venía a recogerme en la mitad de la mañana. Ella no supo qué decirme.

—Vengo a una cita, dijo por fin.

—¿Una cita con quién?, le pregunté, segura de que no había hecho nada malo. Me contestó, con la mirada fija en el pavimento, que iba a donde la sicóloga. Se me heló el corazón y me sentí traicionada. Le volteé la espalda y, en ese preciso momento, sonó el timbre para entrar a clases. Me salvó la campana.

La sicóloga escolar es abominable. Cuando estuve allá, a los nueve años, me hizo pintar a mi familia y a mí se me olvidó pintar a Mariana, porque acababa de nacer y era demasiado nueva para ser considerada de la familia. Entonces se agarró de ese mínimo detalle para armar un tratado de sicología completo. Llamó a mamá y exigió que viniera también papá, que odia ir a los colegios. Parece que les hizo un interrogatorio de detective, a cada uno por separado, y que luego les recomendó una terapia de pareja. Papá armó un escándalo ese día y amenazó con divorciarse si le tocaba volver a uno de esos sicodramas. (Ni idea qué quería decir, pero me imagino que la cita debió ser dramática: mamá hablando hasta por los codos y él, sin musitar palabra). Dice que las mujeres se inventan problemas por gusto y yo creo que tiene toda la razón. Algunas disfrutan inventándose rollos: no sólo lo digo por mamá sino por mis primas, que exageran sus bocas torcidas, desde que les dio por convertirse en adolescentes.

Yo no tengo problemas. Si fuera fuerte, se lo diría bien clarito y de entrada a la sicóloga, para que me dejara en paz de una vez por todas, pero soy pésima para hablar. Mamá dice que vivo encerrada en mí misma y que no le cuento nada, pero es que no tengo nada muy interesante para contar, o, mejor dicho, no creo que a ella le interese oír lo que yo cuento. En cambio, con papá sí hablo porque él no me hace interrogatorios ni espera de mí grandes revelaciones. Los dos somos de pocas palabras; nos importa lo real y lo concreto, como comentar mi experimento para la Feria de la Ciencia o el partido de fútbol o la película que vimos...

Hablando de pura verdad, si me ven como a un perro verde, pues me tiene sin cuidado. Puede ser que esté un poco aislada, pero es que en mi curso hay que pertenecer al rebaño para ser alguien en la vida. Uniformarse con la misma ropa y decir y hacer las mismas cosas, como mis primas y, para mí, con ese par es más que suficiente... Me desespera tener que aguantarlas en las reuniones familiares, compitiendo con sus aventuras y jugando a sus estúpidas rivalidades de "a ver cuál es más grande". Yo ya tomé la decisión de no entrar en ese juego y, viéndolo bien, eso sí es tener personalidad. Lo de ser normal o anormal, depende del punto de vista desde donde se mire. A mí, son ellas las que me parecen anormales. Anormales y además histéricas. La sicóloga tendría material para varias consultas si decidiera entrevistar a mis primas, en vez de fijarse en mí, que no tengo nada extraordinario para contar.

Pero la vida es injusta y seguro que, después de la consulta de mamá, tocarán a la puerta del salón y me mandarán llamar a "Sicología". Y todo el curso se volteará a mirarme como a un bicho raro, pensando "qué diablos le está pasando a Valeria, debe ser algo muy serio para que la hagan salir de clase, así, de repente; seguro se le aflojó un tornillo". Y yo desfilaré por un corredor de pupitres, con treinta pares de ojos clavados en mí, y saldré de la escena, rumbo al consultorio. Tal vez la sicóloga intente averiguar cómo me va este año y me pregunte si tengo amigas, porque no creo que a esta edad tenga el descaro de darme crayolas para dibujar otra vez a mi familia, aunque viéndolo bien, ella es capaz de cualquier cosa y después dicen que yo soy la infantil...

Esta vez no voy a caer en ninguna de sus trampas y voy a portarme como una perfecta autómata, para ver cuál de las dos aguanta más el jueguito del silencio. Sólo cuando sea estrictamente necesario, contestaré con monosílabos. SI y NO será lo máximo que me oiga decir, hasta que se desespere y decida liberarme; tampoco querrá tenerme ahí el resto de la vida, atrasándome en todas las materias.

—Hola, señorita, ponte cómoda —dirá.

Yo la saludaré, con un movimiento de cabeza y obedeceré. Me sentaré en el asiento frente a su escritorio y trataré de mirar por la ventana.

—Años sin vernos —o alguna frase de ese estilo soltará, para romper el hielo—. ¡Cómo pasa el tiempo! Has crecido mucho...

(La muy hipócrita lanzará sus palabras, convencida de que voy a morder el anzuelo y yo seguiré callada. Ella tendrá paciencia. Esperará un tiempo y, mientras tanto, me examinará de pies a cabeza. Pensará que, en realidad, no es mucho lo que he crecido, que estoy prácticamente igual a cuando tenía nueve años, tal vez un poco más alta, pero sin formas: plana como una mesa. Tratará de estudiar la manera como cruzo los brazos o manejo mis manos y las verá rígidas e inmóviles, a ambos lados del asiento. Porque mi estrategia del silencio será total e incluirá también manos y gestos... Entonces, tendrá que contraatacar con una nueva carga de palabras.

—Veo que estás muy callada —se arriesgará a decir—. No te preocupes, no te pongas nerviosa. Puedes confiar en mí. Lo que conversemos aquí va a ser confidencial.

Yo le diré que sí, con un movimiento indiferente de cabeza, que en realidad querrá decir ''no le creo una palabra''.

—Ahora sí te escucho. Cuéntame cómo estás —me mirará fijamente, con la mano en la quijada y con una expresión exageradamente atenta, como si fuera Jaime Baily, entrevistando a una de esas divas que van soltando todos los detalles íntimos de su vida por la televisión.

Pero tampoco le funcionará su pose de entrevistadora profesional y yo seguiré encerrada en mi silencio, a ver quién gana, hasta que se pase el tiempo. Porque luego le tocará el turno a otra víctima; quizás a un pobre e indefenso niño de Primero que tenga que pintar a su familia. Entonces, con un tono de superioridad, como quien pone el punto final, dirá que sólo quería ayudarme, que lástima que yo no hubiera querido cooperar y yo me levantaré aliviada de mi asiento y caminaré como una autómata hasta que me sienta bien lejos de su examen y pueda recuperar mi forma privada de caminar y de ser.

Supongo que la síquica querrá "sacarse el clavo" y escribirá un nuevo informe explicando que soy un caso perdido. Pero, sin saberlo, me hará un favor, porque así no habrá nadie que trate de cambiarme. Tal vez hasta mamá decida resignarse y me deje ser como soy.

III. LUCÍA

Para completar el año, hoy me vino la regla. O debió ser anoche. El caso es que me desperté rara, con algo diferente. Fui al baño, como si nada, y me encontré con "la sorpresa".

—A la primera que le pase, sale corriendo y llama a la otra —habíamos acordado con Juliana el día del cumpleaños de Valeria. Estábamos las dos, cambiándonos en el cuartico. Y preciso, venir a pasarme a mí, que soy la menor de las tres... Yo creí que Juliana iba a ser la primera, por algo es la mayor. Ese día, yo la miraba de reojo por el espejo mientras nos desvestíamos. (Creo que ella también me miraba.) Nos mirábamos diferente: con una especie de curiosidad, mezclada con, no sé, como con vergüenza. Nos sentíamos distintas a Valeria, que todavía es infantil y plana. Sí, pensándolo bien, a cualquiera de las dos nos iba a pasar, tarde o temprano.

—Pero, si hay "moros en la costa", ¿cómo hacemos para contarnos la noticia por teléfono? ¿Qué tal que se enteren nuestros hermanos? ¿Quién se los aguanta? —se había imaginado Juliana.

—Pues usemos una contraseña —se me había ocurrido ese día—. La que sea, llama a la otra y le dice "tengo el problema de matemáticas". Así nadie va a sospechar.

Estuvimos de acuerdo. El problema era que yo no quería llamar a nadie. No quería ver a nadie. No quería salir del baño. Es más: tenía dudas. Así no me imaginaba la regla. Es que te arman semejante discursito, te dicen que "vas a volverte mujer" y encontrarte esto así, recién levantada, parece más bien como si me hubiera vuelto un bebé. Era todo muy raro, no sé cómo explicarlo, no sabía que era así.

Mamá no estaba y Pilar tampoco, justo la primera vez que necesitaba una hermana mayor. ¿Qué hacía yo ahí, sentada como una boba? Fui al baño de mis papás. (Todavía digo "papás", en plural, aunque papá ya no viva aquí.) En el pasillo me encontré con Carlos, que estaba enchufado a su *disc man.* Menos mal ni me miró. (Se me debía notar hasta en la cara.) En la repisa encontré lo que buscaba. Leí completico todo lo que decía en el paquete de Nosotras...¡Con alas! (¿Para qué se necesitaban alas en momentos así?) Las instrucciones, como siempre, no me sirvieron de mucho. Pasé toda la mañana frente al televisor para no tener que pensar nada ni hacer nada. Sentía un dolorcito raro al final de la espalda. Un dolor que dolía poquito. ¿Sería un cólico?

Por fin, a las doce, llegó mamá. La miré bien, a ver qué cara tenía. Últimamente era difícil con ella. A veces estaba "deprimida" por lo de papá y uno no podía ni acercársele. Había que evitarle problemas, decía mi abuela. Nos habían pedido colaboración. Pero esto es importante, pensé. ¿cómo se lo digo? La cara estaba normal, así que traté de saludarla y poner tema. Es que tampoco podía de sopetón. Mamá dijo "hola", común y corriente y siguió derecho a la

cocina, para guardar los paquetes. Venía del mercado y había que apurarse con el almuerzo. Guardaba
cada cosa en su lugar, revoloteaba de un lado a otro
y yo revoloteaba detrás. No sabía cómo empezar la
conversación. Es difícil hablar de un tema de esos,
mientras se revolotea. Carlos llegó cuando yo empezaba con la primera frase.

—A que no adivinas, ma... —creo que alcancé a
decir.

Carlos, el inoportuno, interrumpió mi gran esfuerzo:

—¿Tienes plata? Es que me voy a cine con Ana
—dijo, quitándose los audífonos. Sólo para casos así,
estrictamente necesarios, dejaba de oír su *disc man*.

—Lo de la plata tienen que hablarlo con su papá
—se defendió mamá, como si fuera un ataque—. En
eso quedamos y ahora, que no se vaya a hacer el loco.
Ya bastantes problemas me tocan a mí. (Todas esas
palabras anunciaban una larga y conocida cantaleta.)
Carlos y yo nos miramos con cara de "ya empezó".

—Pero mamá, es sólo por hoy. Yo después hablo
con él. Te lo juro —insistió Carlos.

Total, que las cosas salieron como estaban pre-
vistas. Mamá dijo que "no había derecho", que todos
los problemas eran de ella y siguió diciendo esas cosas
contra papá que tanto me duelen. Carlos, que era un
insensible y un interesado, se quedó y oyó todo, con
tal de resolver su problema del cine. Yo tuve que salir-
me de la cocina. "No soporto más", dije en tono de
telenovela. Mamá claro que al final le dio la plata a

Carlos y siguió sola preparando el almuerzo. Yo me fui a llorar a mi cuarto pero nadie me puso atención.

—A almorzar —golpeó en mi puerta, con el peor de sus tonos. Claro. La ofendida era ella. La triste era ella. La que tenía que hacer todo sola era ella. Salí, con los ojos rojos y me sequé las lágrimas lo mejor que pude. Mamá debió sospechar algo raro porque no me quitó los ojos de encima durante todo el almuerzo. Era un domingo triste. Pilar estaba estudiando donde una amiga. Carlos comía rapidísimo para poder alcanzar a cine con Ana. Santiago estaba en la excursión del colegio. Mamá y yo, cada una en una cabecera de la mesa, cucharéabamos. Me acordé de ese otro domingo, todos reunidos, cuando nos dieron la noticia de la separación. Habían pasado seis meses y yo sentía otra vez que las lágrimas se me podían salir en cualquier momento. No tenía hambre. Cuando Carlos se despidió, mamá trató de ponerme conversación. Parecía medio arrepentida.

—¿Qué tal si lavamos rápido los platos y nos vamos las dos a la piscina? —me dijo, haciendo un esfuerzo de cara feliz. Fueron las palabras mágicas. Las palabras que lo removieron todo. Me puse a llorar con sollozos, histérica. No podía parar. Veía cómo las lágrimas caían entre el plato, encima del pollo y mojaban también las papas fritas y aguaban el charco de salsa de tomate. ¡Grotesco! Ella quitó el plato y me abrazó.

—Pero, mi amor, ¿qué pasa?

—No puedo nadar hoy, no sé cuándo pueda volver a nadar —seguí llorando y ya no me salieron más palabras. Sólo lágrimas y sollozos.

Mamá pensó que me había vuelto a enfermar o que me estaba volviendo loca. Me preguntó mil cosas: si te duele la garganta, si estás enferma, si llamamos al médico, si quieres hablar con tu papá, si tienes algún problema, si te está yendo mal en el colegio, no importa... después recuperas las materias, te consigo un profesor de matemáticas, es que es difícil estudiar así, con este problema. (El problema era papá: el malo de la película.) Si te quieres ir a vivir con él, si te pasó algo en el entrenamiento, si quieres ir a hablar con la sicóloga, te puedo pedir una cita.

Yo sólo lloraba, hasta que se me acabaron todas las lágrimas. Vacía de lágrimas y con la voz casi muerta, le dije:

—Creo que me vino la regla. No estoy muy segura.

—¿Por qué no me lo habías contado antes? —dijo, como si se le hubiera quitado un peso enorme de encima.

No pude contestar nada pero tampoco seguí llorando. Ya se me había agotado la producción de lágrimas. ¿Por qué crees que no te había contado, ma? Qué descaro que me lo preguntes, pensé.

Mamá me dijo: "Felicitaciones, eso significa que te estás volviendo una mujer", y todas esas frases que dicen las mamás de revista, en momentos así. Parecía un libro de sicología: se sabía toda la parte teórica de memoria. Yo la oía, como quien oye un disco rayado.

La miraba y me parecía oír otra cosa detrás de sus palabras. No sé por qué sentía que debajo de cada palabra, había otras escondidas: unos pensamientos verdaderos que ella tenía mientras hablaba. Yo sabía que estaba triste. Que algo se le había roto por dentro: su hija, la menor, había crecido; eso debía ser extraño para una mamá. Yo sentía que las dos estábamos solas, en el borde de algo. No sé por qué, pero me pareció que también ella tenía un poco de miedo.

—Tengo que hacer una llamada urgente —me acordé de pronto y me zafé corriendo de "la conversación de madre a hija". Ya todo lo que había qué decir estaba dicho. ¡Qué alivio! Marqué el número de Juliana: en eso le había ganado a ella, que se creía la grande y la sobrada de las tres, con sus uñas azules oscuras y su noviecito y sus minitecas. La chica popular era sólo una niña ridícula, todavía sin desarrollarse; la cara se le iba a poner verde de la envidia. El teléfono timbró varias veces y nada que contestaron. Por fin, la voz del contestador automático contó su historia. Yo sólo dije, con orgullo, la contraseña secreta:

—Hola, Juli, habla Lucía. Tengo el problema de matemáticas.

CINCO

A LOS QUINCE AÑOS

Cómo cansa ser todo el tiempo uno mismo.

Julio Cortázar

I. JULIANA

Tengo un collar de perlas, un vestido negro de seda y toda la vida por delante. Hoy cumplo quince años y estoy disfrazada de quinceañera, siguiendo las costumbres de una antigua tradición familiar. Mamá dice que esta es una fecha inolvidable y recuerda su vestido largo rosado, la fiesta con orquesta y el vals que bailó con su papá. Mi abuela está ahí para recordar con ella y está también un álbum de fotos para demostrar que no fue un sueño, que todo fue cierto, que yo debo creerlo, a pesar del color amarillento que se ha ido apoderando de cada fotografía, hasta desteñir el vestido rosado de mamá y las flores que decoran la escena. Qué tiempos aquellos, dicen los adultos, al pasar las páginas del álbum, y yo pienso si algún día le estaré diciendo las mismas frases a alguien, cuando estos días se hayan ido y sólo queden las fotos de hoy, con los vestidos y los muebles ya pasados de moda, como única prueba de que digo la verdad.

Habría preferido una fiesta normal como la de los catorce,, con miniteca y sólo con los amigos de mi edad. A cambio de eso, hoy tendré una comida familiar elegante, con platos que mamá y la abuela han ido preparando durante una semana y con un ponqué negro de cubierta azucarada y rosas de pastillaje, parecido a esos ponqués horribles que dan en los matrimonios. Creo que estoy madurando porque he decidido no pelear por bobadas y he aprendido a negociar. Acepté la celebra-

ción familiar porque sé que, de todas formas, el viernes
vendrán mis amigos, así, medio de sorpresa, como diciendo "pasábamos casualmente por aquí y decidimos
entrar a saludarte". Todo lo tengo fríamente calculado,
hasta la cara de emoción que fingiré cuando los vea
llegar... Es mil veces mejor tener doble fiesta: una para la
familia y otra para los amigos y estar sin las primas
chismosas criticando todo y haciendo cara de
desadaptadas, delante de los del grupo. Mezclar a la gente
de la familia con los amigos puede ser peor que el coctel
más peligroso.

Afortunadamente ya tengo la experiencia de lo que
le pasó a la pobre Paula, en sus quince el mes pasado.
Todo fue un absoluto desastre. Ella invitó a los veinte
amigos más cercanos, con invitaciones mandadas a hacer por su mamá, pero ese viernes en el colegio les dijo
a muchos más, no muy en serio, como quien no quiere
la cosa, diciendo "si quieren, pasen un momentico que
hay fiesta en mi casa". De acuerdo: fue un poco irresponsable, pero es que ella no se imaginó que fueran a
llegar, después de las doce, los más locos del colegio, con
esas fachas, ya medio borrachos y quién sabe si también con alguna cosa más que ron encima... No podría
asegurarlo pero Fernando y Daniel y los otros colados
de Décimo parecían drogados; en eso le doy la razón a
la mamá de Paula y también a Juan Esteban, que fue el
encargado de echarlos de la casa. Ese día supe lo que es
estar entre la espada y la pared: apoyar a Juan Esteban
como hermano mayor, por ser mi novio, y entender a
Paula por la ira que le dio con su hermano. Y, para

completar, sentir una especie de solidaridad con Daniel, de *jeans* rotos y mirada perdida, tan diferente a Juan Esteban...

Para Paula fue una pesadilla estar ahí, elegantísima, en el jardín de su casa, con las carpas y las mesas y las sillas alquiladas, sin saber bien a qué bando pertenecía y sin poder actuar con naturalidad. Porque, confesémoslo de una vez por todas, uno actúa diferente con cada grupo y en cada situación Una cosa es Paula, la niña bonita de su papá y de sus tías y otra cosa es la Paula moderna que baila sin parar en las minitecas, que fuma, que toma ron con Coca Cola y que baila música suave bien abrazada a su novio, son dos personalidades incompatibles. Y eso que digo se aplica también a mí o a cualquier persona. No se puede actuar con naturalidad en una miniteca, con la abuela de uno ahí mirando y pensando "qué hace que era un bebé, cómo ha crecido, es que el tiempo vuela". Eso no quiere decir que uno no los quiera; tal vez es lo contrario: que los quiere mucho y que quiere hacer con ellos la cara de siempre, para no decepcionarlos, para que no crean que ya somos otros, distintos a los niños que una vez les pertenecieron exclusivamente a ellos.

Hoy siento que tengo cosas por resolver con Juan Esteban... Son algo así como agujeros negros, silencios que se van acumulando y que crean climas extraños. Tal vez me viene la meditación con los 15 y entonces querrá decir que mi mamá tiene razón, que este es un día importante en mi vida, no sólo por la comida sofisticada y el ponqué de florecitas. El caso es que aquí estoy, disfrazada de 15 años, y la gente empieza a llegar. Mis hermanos se ven ridículamente elegantes, con pantalones de paño, y Juan Esteban actúa como mi novio de mostrar, con la misma corbata del cumpleaños de Paula, que a leguas se nota prestada por su papá, y yo, con las perlas y el vestido negro, estoy irreconocible. Tuve que quitarme todas mis pulseras de cuero, tuve que pintarme las uñas con esmalte nacarado de un color inofensivo y me saqué la colección de aretes del lóbulo de la oreja para estrenar las perlas que me regaló la abuela y que son compañeras del collar. "Estas son auténticas, no las vayas a perder ni se las prestes a nadie, yo todavía uso las que a mí me regalaron cuando cumplí los quince", dice la abuela y yo llego a dudar que tuvo quince años alguna vez porque no he visto fotos, no debe haber, o, si acaso, tendrá una tomada en un estudio especial, como el gran acontecimiento.

Y la noche avanza y los regalos son de mujer, como si yo hubiera dejado de ser la Juliana de toda la vida. Podría poner un almacén de perfumes, pues creo que no me alcanzará la vida entera para oler tantos *Dalí* y *Paloma Picasso* y *Carolina Herrera* y tantos olores sofisticados que me han regalado, con una falta de originalidad total, porque se nota que las tías no me conocen: no saben que me gusta oler a limpio: a agua, que es inodora, incolora e insabora, y a jabón. Por un momento pienso que podría también vender las joyas que recogí hoy sin merecerlo; hacer como la reina Isabel y fugarme con Daniel Botero a descubrir América. Son pensamientos alucinados, debe ser la champaña que se me está subiendo a la cabeza con tanto brindis y tanta repetición. Papá había comprado varias botellas con anticipación, para una fecha tan especial como hoy y a mí me da vueltas la cabeza, definitivamente es cierto lo que dicen por ahí: "Nadie sabe para quién trabaja".

Juan Esteban me toma de la mano y salimos solos al jardín. Se acerca para besarme y de repente me parece ridículo, con su cara de niño bueno metida por equivocación en ese cuello con corbata, y le digo que hoy no, que toda mi familia anda por ahí y su cara me da vueltas frente a mis ojos que tratan de esquivar su mirada, pero él no entiende por qué de pronto me he vuelto tan prudente, si nadie nos está viendo y además no tiene nada de malo que me dé un beso, dice. Yo sólo le veo un ojo como de cíclope, es el aire frío de la noche que me marea, y esquivo su boca. Él me dice sarcástico que me sentaron mal los quince años, que, de un tiempo para acá, me ve rara, como distante, y me pregunta si acaso es que ya no lo quiero, pero creo que es una pregunta con respuesta incluida, para que yo conteste lo que él quiere oír. Ya no estoy tan segura, pienso, pero me queda la esperanza de que sea la champaña, me queda la esperanza de que mañana ya esté normal otra vez y lo quiera de la forma como siempre lo he querido, que yo creía hasta hace un mes que era con todo... Hoy no sé si lo quiero, cómo explicarlo... Es que, desde la fiesta de Paula, no se me quita Daniel Botero de la cabeza. *Me cuesta tanto olvidarte*, dice la canción de Mecano que ahora oigo todos los días en mi equipo, sólo esa, a pesar de que el disco tiene tantas. Cuando ya siento el piano al final y sé que se va a acabar, toco el botón de retroceder y me devuelvo al mismo punto: *Me cuesta tanto olvidarte.../ olvidarte me cuesta tanto / olvidar quince mil encantos/ es mucha sensatez...* y las frases de la canción me persiguen, y, si por alguna razón, mamá me dice que no más, que la voy a volver loca, me pongo los audífonos y, si tengo que salir o bañarme o ir al colegio, entonces escucho la canción que está grabada y da vueltas entre mi cabeza. Me despierto y es lo primero que me zumba en forma de pensamiento... No sé si es la canción o si es Daniel, tal vez es verdad que no me conviene, como dirían mi mamá o la mamá de Paula, tal vez me estoy metiendo en un lío, de pronto él ni siquiera me miraría, creo que ya cumplió los dieciocho y ha perdido como dos años, además dicen por ahí que es un caso perdido, pero no puedo controlarlo, es ese aspecto suyo desgarbado y esos ojos con los que me miraba en la fiesta, mientras Juan Esteban le decía que se largara de ahí, *me cuesta tanto olvidarte...* Y sigue todo dando vueltas, incluyendo a la tierra debajo de mí, que ya no es tierra firme sino arena movediza y no sé a qué horas Juan Esteban se da cuenta y me hace entrar a la casa, a pesar de que insisto en que no quiero ver a nadie ni que nadie me vea, qué dirán las tías que siempre se escandalizan conmigo, y me le abrazo con fuerza, no tanto por amor sino sobre todo para no caerme, y él me va ayudando a dar unos pasos.

–Estás muy mal, te veo pálida –y, sólo con esas palabras de Juan Esteban, yo siento que lo poco que

me quedaba de cordura desaparece y que el estómago se revuelve y me parece que no alcanzo a llegar al
baño...

—Voy a buscar a Paula para que te ayude —me dice
y me abandona en el baño de las visitas, perfumado y
con toallas nuevas para la ocasión. Yo trato de sacarme
de encima a la champaña y a Daniel Botero, mientras el
tapete del baño da vueltas y me abrazo del lavamanos y
pienso que *me cuesta tanto olvidarte.* Y no sé cómo aparezco acostada en mi cama, con mi mamá y la abuela al
lado. Una nueva escena debe ser, como pasa en el cine,
que las personas aparecen en otro lugar y nadie sabe
cómo llegaron hasta allá. En la vida real, eso se llama
una laguna y papá golpea a la puerta para saber cómo
sigo y se nota que la fiesta, mi fiesta, se ha dañado, se ha
ido al diablo, sin que nadie haya alcanzado a tocar el
ponqué de matrimonio con cubierta de pastillaje. Me
siento la más infeliz de las personas en el mundo y sé
que esto me va a salir caro. Mi prima Lucía entra, con su
cara de "yo sí soy una niña buena que nunca haría algo
así" a darle una razón a mi mamá. "Que tía Luisa manda
decir si prepara un café bien cargado, que eso la hace
reaccionar", y me mira como diciendo, "sí, es contigo,
qué asco". Y no sé si es la idea del café bien cargado o
simplemente ver a Lucía lo que me revuelve el estómago
otra vez, pero tengo que controlarme y es bueno que
todos se larguen, a ver si puedo apagar la luz y dormirme y no sé si despertarme otra vez o quedarme toda la
vida durmiendo, como *la Bella Durmiente,* también eso
fue a los quince ¿o no?... Imaginar la cara que harán

mañana papá y mamá, por no pensar en la abuela escandalizada ni en mis hermanos burlones ni en el resto de la familia que siempre aspira a la perfección, me hace temblar de escalofrío, siento que se me estalla la cabeza. Para colmo, venir a pasarme esto con toda esta gente, qué estupidez.

La gente se va, mi mamá apaga la luz, con una cara triste y sin comentarios y yo trato de dormirme, poniendo un pie en el piso, como si fuera un ancla, para que la cama no dé tantas vueltas y el mundo no se mueva así, *me cuesta tanto olvidarte.* Y es probable que mañana todo esté en calma, menos mi cabeza que retumbará como un tambor y de pronto voy a tener que ser honesta y cortar con Juan Esteban.

Estoy sola en un cuarto oscuro y mi cama gira a toda velocidad, en medio del universo. Cada vez voy más rápido y siento que, en cualquier momento, saldré volando por la ventana. Tengo un collar de perlas que me estorba, enrollado en mi garganta seca. Tengo quince años y toda la vida por delante.

II. VALERIA

—¿Qué prefieres para tus quince años: fiesta o viaje?

Yo no digo si fiesta o viaje, yo no digo ni si ni no, sino todo lo contrario. En estos días, los quince son todo un tema familiar, pero a mí me importan un comino, ya saben, soy de pocas palabras, por eso la conversación se organiza conmigo atravesada en el medio, sin que cuente mi opinión; la verdad es que se me dañó el opinadero. Y, aunque no es exactamente el santo de mi devoción, debo reconocer que le debo una a mi querida prima Julianita. Después del espectáculo grotesco que dio en su cumpleaños, la familia completa quedó sin cinco de ganas de hacer sus tradicionales shows de celebración y por eso la comida familiar fue descartada de los planes de mamá. Me salvé del disfraz de Lady Di que ella soñaba diseñar exclusivamente para mí, me salvé de las tías cacatúas metidas en mi casa, me salvé de ser la protagonista. Hasta ahí, perfecto, pero mamá contraataca.

—Si no quieres fiesta, ¿qué tal un viajecito?

Ahora es papá el que protesta: "Con esta situación, no estamos para viajes". Mamá responde que sólo se cumplen los quince una vez en la vida. (Yo, para mis adentros, digo "afortunadamente", ¿qué tal esta discusión año tras año?, ¡sería de suicidarse...!) Mi hermano Antonio se mete para decir que es injusto. Él ya tiene diecisiete y nadie le ha preguntado nunca si fiesta o viaje. Yo también creo que es injusto: ¿por qué a los hombres sí los dejan en paz, por qué pueden hacer lo que les dé la gana? ¿Por qué no nací hombre? Ahora opina Mariana, la rana, la más sapa del planeta: Cuando ella cumpla quince, quiere una fiesta con vestido largo, como en las películas. Se siente la protagonista de *la Novicia Rebelde...* si por ella fuera, bajaría por una escalera, del brazo de papá, mientras la orquesta toca el Danubio Azul. Y eso que sólo tiene ocho años, ¿qué podrá esperarse cuando sea más grande? Menos mal casi nadie le pone atención. Sólo mamá la mira con orgullo como diciendo, "tú sí eres una niña sensata; ojalá tu hermana pensara así".

—Valeria, es contigo —me habla mamá, para devolverme a este planeta. Ella cree que estoy en Marte, pero yo sí estoy oyendo y procesando la información—. Estamos hablando de ti, ¿es que no te importa?

Yo no digo que sí ni que no, sino todo lo contrario. Afortunadamente las finanzas de la familia no están muy bien que digamos. Por eso no clasifico para *El viaje que soñé,* ese plan especial para quinceañeras que venden las agencias de turismo. Los papás sólo tienen que pagar y ellos se encargan del resto (así dice la propaganda que mamá recortó del periódico). Ofrecen una supuesta noche de cuento de hadas, en un castillo europeo, auténtico o recién envejecido, en Viena o en Miami, según el bolsillo, porque hay varios planes, y se pueden pagar en cómodas cuotas mensuales. Cualquiera de los planes, el caro o el "económico" tiene todo incluido: la escalera de caracol tipo novicia rebelde, la orquesta que toca el vals y, lo más importante, el cadete con uniforme de gala, botones dorados y 1.80 de estatura, para bailar con la quinceañera y quedar guardado, por siempre, en el álbum de fotos y en el corazón. Te regalan el sueño del príncipe azul aunque cualquiera sepa que es un príncipe disfrazado y a sueldo por unas pocas horas, seguro hasta tiene acné juvenil y usa *jeans* rotos y arete de día, cuando no trabaja como príncipe azul.

Y mientras creen que echo globos, oigo que mamá insiste en venderle la idea a papá. Podrían conseguir un préstamo, total es "solamente una vez". La insistencia de mamá me incomoda. Es como si ella viera en esto una inversión indispensable para mi futuro, ¿qué tal que yo me quede solterona?, ¿qué tal que me dé por pensar que no me gustan los hombres, sólo por no haber tenido, al menos, una oportunidad? No es que ella lo diga con palabras, ¡ni más faltaba!, pero algo me dice que lo piensa, seguro hasta ha tenido la oportunidad de consultarlo con la síquica de pacotilla y ella le ha dicho que sí, que tal vez valdría la pena. Como casi nunca me invitan a las fiestas y, como cuando me toca ir a alguna, no me sacan a bailar, ella quiere comprarme alguien que baile obligatoriamente conmigo una noche entera, sin importarle que sea plana como una mesa y que me esté quedando enana. Al fin y al cabo para eso le pagan, es un trabajo como cualquier otro.

—¿No ves que Valeria no quiere ni oír hablar del viaje? —dice la voz salvadora de papá. (De paso, él se salva de pedir el préstamo.)

Mamá hace su cara de "soy la única que piensa

en el bienestar de esta familia, a ti todo te resbala, sólo te importa tu trabajo'', y da el asunto por concluido, al menos en ese round. Adoro a papá, que es de pocas palabras como yo, y que además sí se preocupa por mí; lo que pasa es que me conoce mejor y no quiere cambiarme. Sabe que a la gente no la cambia nadie.

—Tal para cual. Son tercos como mulas —es la frase preferida de mamá, cuando papá y yo nos atrevemos a decir lo que pensamos.

Así van pasando los días, hasta que de pronto, una mañana puedo despertarme y amanezco de 15. Papá nos invita a comer a un restaurante elegante y yo escojo uno de pasta, que no es nada especial según mamá, pero tampoco puede protestar porque es el que a mí más me gusta y, según la tradición de la familia, el que cumple, escoge. No hay brindis con champaña sino jugo de mandarina, ravioli a la bolognesa y copa de helado. No hay invitados especiales, sólo mis hermanos, que aprovechan para pedir lo más caro. Afortunadamente cae en lunes y eso me ayuda a que pase sin pena ni gloria. Luego me levanto en martes y puedo seguir la vida normal, como al otro día del ''feliz año''. Tanto que se abraza la gente, tantas promesas y tanto cuento de que todo cambiará, pero la farsa dura unas pocas horas. Al otro día, el año empieza a andar y ya nadie se acuerda de nada. Así me parece que es esta cursilería. Podría decir el verso que nos enseñó la abuela a los nueve años, cambiando algunas palabras. ''Qué encarte es cumplir quince años, más me valieran noventa''. Fuera de eso, las tías me mandan regalos, así nadie las haya invitado, es parte de la tradición familiar, "si a Juliana le dimos, no hay razón para discriminar a Valeria..." (Las normas familiares se han inventado ya para todo; a veces me parece que reemplazan el afecto...) Al comienzo caigo en la trampa y me emociono pero luego viene la decepción: los regalos se pueden clasificar en dos categorías: joyas y perfumes. Sólo con verlos de lejos, envueltos en papel de regalo, uno puede apostar: Joya, perfume, joya, joya, perfume, joya, perfume. Y yo no uso ni lo uno ni lo otro.

—Espero que te guste la bobadita que te traje —dicen, y me plantan un beso en la mejilla.

Yo no digo ni si ni no, sino todo lo contrario.

III. LUCÍA

Jamás cumplió con su promesa de comprar los camarotes para que fuéramos a vivir con él los fines de semana. Nos engañó a todos, nos puso los cuernos. Ojalá se fuera a vivir a una isla perdida en Oceanía, donde no hubiera Internet y, ni siquiera, teléfono. En todo caso, para mí, es como si ya estuviera en otra galaxia. No pienso volver a verlo hasta que me olvide de su existencia. ¿Papá? Esa palabra no existe en mi diccionario, voy a poder decir algún día, así tenga que morirme de pena moral.

"Él tiene derecho a rehacer su vida", me dijo Pilar, y yo le contesté que la vida no era un vestido. Las puntadas ya están cosidas y ahí quedan. En otras palabras, ahí estamos nosotros y no veo cómo pueda rehacer lo que ya nos ha hecho. Tampoco tenemos un comando que se llame "deshacer", todo va quedando guardado en el disco duro. ¿Cómo puede atreverse a ser feliz, sabiendo que hay tanta gente sufriendo a su alrededor? No me voy a enamorar nunca, jamás me voy a casar ni voy a tener hijos, no voy a ser tan irresponsable de involucrar a personas inocentes en mis decisiones. No quiero saber nada de los hombres.

Y pensar que todo el mundo lo supo primero... Todos menos yo, que soy la más boba de la casa y creo que del planeta Tierra. Seguro pensaron que era el bebé de siempre y que no iba a entender nada. Para mamá y mis hermanos es como si el tiempo se hubiera quedado congelado en mí, mientras el resto del mundo crece, se desarrolla, se reproduce y muere. Todo Bogotá lo sabía; toda la familia, toda Colombia. ¡Con decir que hasta mi primas lo supieron antes que yo...! No sé cómo fui tan ingenua para no darme cuenta de tantos indicios; había que tener una venda en los ojos... Pero es que uno puede esperar cualquier cosa de todo el mundo, menos del propio papá. Uno lo ve como a un super héroe, uno lo defiende siempre y odia a quien se atreva a criticarlo, así sea la propia mamá. Para mí, por lo menos, papá era un ídolo. Y ahora descubro que la imagen que yo tenía de él era una absoluta mentira.

Un viernes por la tarde, en la casa de Juliana, me enteré de la verdad y creo que ha sido la manera más cruel de descubrir algo en la vida. Mamá había ido a recogerme al entrenamiento de basket y tuvo que parar allá para hablar un asunto con mi tío, que es abogado. Yo estaba rendida del cansancio y sólo quería llegar rápido a la casa, pero ella dijo que era de vida o muerte. "Además aprovechas para verte con Juliana", añadió, como si todavía tuviéramos nueve años y nos muriéramos de la dicha de estar juntas. Le contesté que ya era suficiente con ver a Juliana en el colegio, que la veía hasta en la sopa. Pero con las mamás no hay mucho qué discutir, sobre todo si son ellas las que manejan el carro (y también la vida de uno).

Obviamente mi prima no estaba, ¡qué iba a estar un viernes por la tarde...! Tía Julia vio mi cara de cansancio y me sugirió que me recostara un rato en el cuarto de Juliana. Cerró la puerta, para que nadie me molestara y me dijo que, si quería, oyera música. A leguas se notaba que lo que iban a hablar era de gente grande y querían deshacerse de mí. Mientras más lejos estuviera, más dormida y con más música, menos iba a oír. Me alegré de que me dejaran en paz y me imaginé que el tema, por variar, era papá o, mejor dicho, la parte legal, porque, desde hacía un tiempo, papá había dejado de ser en mi casa una palabra cotidiana para convertirse en un tema de abogados y de reglamentaciones. "Al papá le corresponde la pensión de alimentos. El papá puede visitar a los hijos tales y tales días. Es obligación del papá tal cosa y tal otra. El tratamiento de ortodoncia lo paga tu papá. Tenemos que guardar las facturas hasta de los botones del uniforme para cobrárselos..." etcétera, etcétera.

Parecía una intrusa en ese mundo ajeno que es el cuarto de alguien y empecé a recorrer todos los rincones, primero con los ojos y luego con las manos, escarbando todo, como una niña pequeña dejada a sus anchas en el tocador de mamá, con los maquillajes a la mano. Mientras Brad Pitt y Leonardo Di Caprio, pegados a las malas con cinta pegante, me miraban desde la pared, yo me puse a hojear, muerta de la envidia, la colección de revistas *Luna, Shock* y *Boom*, que tenían completamente arrinconados en la repisa a los libros de torre roja azul, amarilla, verde, etcétera, que nos tocaba leer en el colegio. Luego fui tomando más confianza y me atreví a abrir la mesa de noche. En el primer cajón había un estuche lleno de aretes diminutos, los mismos que casi matan a mi abuela de un infarto cuando los vio en la nariz perforada de Juliana. En el segundo cajón encontré un cofre metálico que parecía de chocolates. Quería robarme uno pero me decepcioné: sólo había un cerro de papeles. Debajo descubrí un paquete de Marlboro Lights. Así que la niña fumaba, muy bonito ¿no?... Animada por semejante revelación, seguí buscando y encontré un cuaderno de colegio, con esos forros de cuadritos que usábamos en primaria. Era su diario.

Empecé a leer, sintiéndome miserable pero sin poder parar. Verifiqué que la puerta estuviera con seguro y aproveché para poner un CD. Escogí Lapislázuli por una canción divina que se llamaba *Crecer* y que cuadraba perfecto con el momento y el lugar. *Papá piensa que sigo siendo su bebé/ mamá no sabe ya la talla de mi sostén / y ya lo ves.../ Se van, se van, los días de vivir no más se van...* Caí en la página del primer beso de Juan Esteban, leí todos los detalles rapidísimo y sentí envidia porque a mí nunca me habían besado. Pasé las páginas a mil por hora, buscando palabras importantes. Vi *Valeria* y me acordé de ese asado tan aburrido que le hicieron en la finca de la abuela, cuando cumplió trece años. Me reí porque Juliana también describía el vestido de baño de Valeria y su maletín de los Dálmatas tal como yo los recordaba y hablaba de lo infantil que era... Claro que, después de acabar con Valeria, seguía conmigo. Me analizó de pies a cabeza y me criticó, la muy hipócrita, porque ese día me quemé rojo y no bronceado como ella, porque el vestido de baño era de lycra brillante, sin copa, y porque siempre hacía cara de víctima.

Ya con la desconfianza alborotada, seguí rastreando mi nombre en todas las páginas del diario. Leía pasando el dedo a toda velocidad por los renglones, en un ejercicio de lectura rápida. Fue ahí cuando encontré el nombre de mi papá. ¿Qué hacía en ese cuaderno? Pensé con rabia que no había derecho, que ya era el colmo del atrevimiento, y leí la página entera, sin darme tiempo a respirar. El diario me contó que papá tenía una novia, Juliana oyó una conversación de mamá con tía Julia detrás de la puerta y supo que viven juntos. *Se llama Consuelo o Constanza*, tiene la duda, *pero le dicen Connie. La abuela está desbaratada. Todos trataron de hablar con él para que volviera a la casa... se derrumbó la imagen de "ese señor"* (mucha metida, qué le importa lo que haga o deje de hacer mi papá, en qué le afecta a ella). Y sigue con todo un discurso: *Quién lo creyera, semejante hipócrita, ahora quién va a aguantarse la* triple sobreactuación *de Lucía* (estas palabras iban así, subrayadas). *Yo creo que se lo deberían contar para que deje de estar engañada.* Me pareció que se alegraba de mi desgracia, al fin y al cabo, siempre me había tenido envidia, pero no quise o no pude leer nada más, porque tenía una cortina de lágrimas que me empañaba los ojos y las lágrimas estaban a punto de caer sobre las letras del diario de Juliana y ella iba a notar la tinta corrida.

Cuando golpearon a la puerta para avisar que nos íbamos, yo ya era otra. Una Lucía se había bajado del carro y una muy diferente se volvía a subir, se sentaba en el mismo puesto de adelante, se abrochaba el cinturón de seguridad y disimulaba la rabia en esa misma cara, ahora transformada en máscara, para que no se notara nada: ni las lágrimas, a punto de salir, ni el odio que se apoderaba, de repente, de todos los espacios vacíos, de todos los pensamientos, de todos los planes. Para llenar el silencio con alguna voz, mamá puso el radio. Absorta en sus propios problemas, no pareció darse cuenta de mí, que sentada a su lado, sólo habría necesitado una explicación, unas palabras suyas que pusieran orden en mi caos, que me dejaran salir esa piedra atascada en la garganta, porque de pronto, hasta pasar saliva volvía a dolerme. Tenía derecho a saber la verdad, a participar de la verdad, con el resto de la familia. Nada más que eso, ¿era mucho pedir? Ella se bajó en la panadería y yo me quedé ahí, sentada en mi lugar, esperándola. Tanto tiempo la había esperado y ella no llegaba nunca. Regresó con una bolsa de pan caliente y un chocolate de mis preferidos, "debes estar que ladras de hambre". Como una niña buena, dije "gracias, mamá". (Pero no son chocolates lo que estoy necesitando, pensé.) Ella volvió a encender el motor sin verme la cara. Decidí quitarme la máscara:

—He pensado que no quiero volver a ver a papá. Nunca más. No quiero que venga a visitarme el sábado, para mis quince años y por favor dile que no se le ocurra traerme un regalo porque se lo boto en la cara. No dejes que vuelva a pisar nuestra casa.

—Eso lo dices porque estás cansada. Piénsalo con calma y mañana hablamos.

Otro día le habría agradecido su papel de mamá comprensiva y conciliadora. Esa noche no. Habría sido preferible que me dejara estallar y que yo le contara lo que había encontrado en el diario de Juliana, quería comprobar si era cierto, la esperanza es lo último que se pierde. Pero ya se había vuelto a bajar. Estaba abriendo la puerta del garaje.

—Tu papá habrá hecho lo que sea pero al fin y al cabo es tu papá —terminó de recitar, mientras abríamos la puerta de la casa. Eran palabras de libro, ella misma no se las creía. Una mentira para tapar otra mentira. Una máscara hablándole a otra máscara.

—Tu papá te adora —dijo su falsa voz de mamá profesional—. Quiere lo mejor para ti.

—Si tanto me quiere, ¿por qué no me dice la verdad? ¿Por qué no me dices tú la verdad, si se supone que también me quieres?

—No se supone, yo también te quiero. Pero ¿cuál verdad, Lucía?

—¿Cuál verdad, ma? ¡No te hagas la boba!. No quiero seguir siendo la única boba de esta casa.

—No entiendo qué te pasa.

—Por fin dices algo cierto: nunca entiendes qué me pasa. Nunca, ma.

Hizo su típico silencio de señora digna y ofendida y subió las escaleras, hacia su cuarto. El viejo truco de dejarme hablando sola, con todas las palabras atoradas. No ponerle atención al berrinche de la nena, que más tarde se le pasa. Huir, esconder la cabeza. Esta vez no, pensé, y subí detrás.

—¿O me vas a negar lo de Connie? A ver, dime que no es cierto...

—¿Quién te contó?

—Importa si es cierto, no quién me lo contó.

—Importa quién te lo contó porque yo pensaba hablar contigo de eso, pero no encontraba el momento. Lucía, yo no quería hacerte sufrir más.

—Pues lo disimulas muy bien, ma. Porque sufrir, igual estoy sufriendo y lo peor es el engaño. Lo demás, puedo entenderlo, pero el engaño...

—Al menos queríamos decírtelo después de tu cumpleaños. Es injusto: tú, a tu edad deberías estar pensando en que vas a cumplir quince... no sé... en los regalos, en hacer una fiesta, no en lo que hace o deja de hacer tu papá..

—Sí, es injusto. Yo, a mi edad, y todavía piensas que soy un bebé. Y te advierto que no quiero ninguna fiesta familiar, estilo Juliana, el sábado. Es más: a Juliana también quiero tenerla a kilómetros. Dile a todos bien clarito: que no se les ocurra aparecerse por aquí, jugando a la familia feliz.

—¿Te das cuenta de por qué no quería decírtelo ahora?

—Sí: me doy cuenta. Querías hacer primero una farsa y luego sí...

—Contigo no se puede, Lucía. Haga lo que haga, siempre va a estar mal para ti. Además deberías estar hablando esto con tu papá, no conmigo, que no te he hecho nada y siempre termino pagando los platos rotos de todo el mundo.

Punto final. Había hablado la verdadera voz de mamá, la pobre mamá, la víctima. Ahí terminó la conversación. Ninguna dijo hasta mañana, cada una castigada para su cuarto. Y él, quién sabe dónde. Con Connie.

SEIS

LAS LÍNEAS DE LA MANO

*Líneas paralelas son aquellas que,
por mucho que se prolonguen,
nunca llegan a encontrarse.*

Definición tomada de un cuaderno
de geometría de primaria.

I. JULIANA

Un día se me acabaron las viejas palabras de amor y tuve que despedirme de Juan Esteban. Después de ensayar muchos discursos frente al espejo, después de tantas palabras dichas en borrador, lo llamé y le dije que teníamos que hablar. Al comienzo me sentí como una cucaracha, pero como una cucaracha que se quita un edificio enorme de encima. Creo que se fue muy mal, a pesar de lo bien que quería parecer. Sólo abrió la boca para pedirme un por qué. Yo no pude contestarle, al fin y al cabo, esa es la pregunta que me hago y no he encontrado respuesta... *Por qué ya no es mi tipo / por qué no es lo de siempre*, si al menos hubiera una razón lógica ... Él también se había dado cuenta: me dijo que yo cada vez me inventaba una disculpa diferente para no verlo. Y volvió cien veces con las preguntas y con los "qué hice de malo"... Le interesaban las razones, como si fuera un niño en la edad de los porqués. Le dije que en esto no hay razones, le dije que lo quise mucho y que el amor no tiene razones. Me sonó bien la frase mientras la estaba diciendo, pensé que por fin se me había ocurrido algo original. Después, repasando la conversación, me di cuenta de que no era nada del otro mundo, sólo me salieron palabras de canción, debe ser cierto que *a los quince años no se saben más*.

Total que me quedé sola, sin nadie que me quisiera todos los días a la misma hora, sin nadie que me visitara en el mismo sofá, sin nadie que me llamara los viernes a las ocho en punto para decirme "ya voy para allá". Mi vida ha cambiado por completo desde entonces y creo que del cielo pasé al infierno. Ahora salgo con Daniel Botero, aunque la palabra "salgo" es un decir, a veces salgo y a veces no. Cuando le da la gana llamarme, cuando me busca a la salida del colegio y me pregunta "qué vas a hacer". Y yo le digo "tengo cita en el odontólogo" y él me dice "lástima, te iba a invitar a comer un helado". Entonces yo cancelo lo que sea o, mejor, mando todo al infierno. *Por ti mi vida empeño...* Y dejo metidas a mis amigas, a Paula, que ahora me parece tan buenecita, con su novio de toda la vida, con el grupo de siempre, que también era mi grupo y que no ha podido entender qué es lo que me pasa.

Mamá tampoco entiende qué le veo yo a ese muchacho que no me aporta nada, que no me conviene. Yo no sé qué le veo, yo sólo sé que un día lo vi, que yo estaba en los 15 de Paula, que tenía *un vestido y un amor*, que tenía una vida por delante y un mundo armado y que todo me cambió. Que yo simplemente lo vi, como le pasó a Fito Páez cuando encontró a su mujer y le compuso esa canción y ella mandó todo al diablo por irse con él, detrás de esa canción. *Todo lo que diga está de más, las luces siempre encienden en el alma.* Yo tampoco sé si era un ángel o un rubí, yo a veces creo que no es un ángel sino un demonio que me empuja a donde él quiere, pero no tengo más remedio que seguirlo, no tengo más remedio que quedarme al lado del teléfono, esperando a que se digne llamarme.

A veces llama y me dice "ya paso por ti" pero no llega y yo me quedo arreglada, sentada en la sala hasta las 11 o 12, esperándolo. *Y cuando me pierdo en la ciudad, vos ya sabés comprender, es sólo un rato no mas, tendría que llorar o salir a matar*, pero no me atrevo ni a llorar porque se me corre el maquillaje que me eché para él y no pierdo la esperanza de que llegue, así sea tardísimo. O que, al menos llame, así sea borracho y a media noche, aunque conteste papá y le arme un escándalo y le diga "éstas no son horas de llamar a una casa decente". Papá no puede entender por qué sigo ahí, como una cenicienta a media noche, esperando sentada para que no se me arrugue la ropa, con un nudo en la garganta, pero sin atreverme a llorar, porque si él llega, todo habrá pasado, si él llega, todo será perdonado y yo me deslizaré por la ventana para volarme con él. Sé que es horrible pero es así. Si esto es amor, es lo más horrible que me ha pasado en la vida.

–Parece que a las mujeres les gusta que las traten mal –me dijo el cretino del Juan Esteban, hoy, en otra más de las fiestas donde Paula. A leguas se le notaba que estaba respirando por la herida. Obvio que Daniel no fue conmigo, no puede ni pensar en asomar la nariz por esa casa, después de lo que pasó en los quince, ni siquiera se nos ocurriría. Además, él tampoco es del tipo que dice "qué plan tan estúpido, pero voy sólo por acompañarte, me sacrifico por ti". Nada qué ver. O sea que planeamos que yo hacía acto de presencia un rato en donde Paula y a las 11, en punto nos encontrábamos en la esquina. Era un plan perfecto, sobre todo por darles una noche de tranquilidad a mis papás que se quedaban muy preocupados cuando me atrevía a decir que iba a salir con Daniel. Estaban felices de dejarme donde Paula, como en los viejos tiempos. Papá me preguntó si quería que me recogiera y yo le dije que se durmiera tranquilo, que Juan Esteban se había ofrecido a llevarme.

Llegué a las nueve en punto, tempranísimo y de primera, para que me rindiera la noche, pero a las nueve y media ya estaba desesperada contando los minutos que faltaban hasta las once y tenía mariposas en el estómago, con la duda de siempre, si será que hoy cumple o será que me deja tirada en la calle a las once de la noche y yo qué puedo hacer a esa hora: me devuelvo a donde Paula, o me voy a pie hasta la casa, o tomo un taxi, qué peligro, sola, o mejor, me pego un tiro... Le hice jurar que hoy no me la hacía, le dije que si me dejaba metida, se olvidara para siempre de mí y que esta vez sí era en serio, no como las otras mil veces que lo había amenazado y después me derretía con la primera disculpa que me daba.

No tenía nada qué ver en la fiesta de Paula, con las parejas de siempre, con los chistes de siempre y las canciones de siempre. Me sentía extraterrestre: algo se había roto con ellos, algo muy profundo que no sabía qué era pero que tampoco podía arreglarse, así quisiera, y menos hoy, que no tenía tiempo. Los oí hablar de los mismos temas y me pareció que no entendía su lenguaje. O sea: entendía todas las palabras pero era como si sólo fueran palabras sueltas, sin sentido. Sólo pensaba en los minutos que pasaban en mi reloj y, cuando faltaba un cuarto de hora para mi cita, con un cálculo preciso, empecé a despedirme. Dije que tenía otra fiesta, que chao y que lo había pasado delicioso. Hablaba con frases sueltas e hipócritas que no decían nada; por dentro sentía fluir mis verdaderos pensamientos y mi angustia. Juan Esteban me dijo que cómo me iba a ir sola, que él me acompañaba, que era muy peligroso que una mujer saliera sola a esta hora y yo lo zafé grosera, le dije que me estaban esperando en la esquina. Todos me miraron como a la oveja negra del grupo pero, de pronto, ya estaba afuera, temblando de miedo y de frío, y mirando los segundos que pasaban, los minutos que pasaban, los carros que pasaban, la gente que pasaba y que podía ser peligrosa... Tal vez se me había ido la mano y había salido demasiado temprano; caminé de una esquina a otra, repasé la conversación: si era a las once o a las doce, si era en esta esquina, si me habría equivocado, si habría entendido mal. Cuando estaba a punto de sentarme a llorar en el andén, apareció Daniel, fumándose un cigarrillo. El mundo volvió a ser bueno, la calle se iluminó, *los astros se rieron otra vez* y yo salí corriendo para darle un abrazo. Después de todo, pensé que no era tan malo y además yo sabía que me amaba. Muy a su manera, pero me amaba.

En su casa había una rumba muy íntima para celebrar que sus papás estaban de viaje. Éramos tres parejas, nada más. Sólo conocía a Diego que se graduó de mi colegio; al otro tipo no lo había visto en mi vida y me daba desconfianza de entrada, por la pinta de drogo que tenía y que no podía disimular, a pesar de que no había luz, como para decir que pudiera detallarlo bien. A las amigas, ni idea de dónde las habrían sacado, el caso es que se veían mucho mayores que yo, que no eran del colegio, parecían de universidad, pero de una carrera como arte o teatro, o sea, nada convencionales. Ellas me miraron como si yo fuera de primaria y no pude evitar de nuevo la sensación de ser extraterrestre en todas partes. Al menos donde Paula era una extraterrestre conocida y un poco superior. Aquí parecía la mascota del grupo, me sentía perdida, ridícula e insignificante, como si me hubiera colado en una película para mayores de dieciocho.

Las únicas luces salían del equipo de sonido. Líneas intermitentes rojas y verdes, titilando en la oscuridad con los altos y los bajos de la música. Era una música diferente a la que yo oía, un rock pesadísimo, y cada pareja se buscó su rincón para estar lejos de los demás. Después de todo, no importa que me caigan mal o bien, pensé. Igual, con esta oscuridad y con este plan, ni siquiera voy a tener que encontrármelos en lo que queda de noche. Daniel sirvió dos tragos de vodka puro. Nadie había caído en la cuenta de comprar jugo de naranja y el hielo se estaba acabando. Me dijo que estaba linda, me abrazó y empezamos a besarnos mientras sonaba un helicóptero en la canción, un helicóptero cada vez más cerca, que estaba a punto de caernos encima; su sonido se fue metiendo entre mi piel, martillando entre mi cabeza y aturdiendo mis sensaciones... Sólo sentía el helicóptero y los latidos y la respiración de Daniel, cada vez más intensa y más entrecortada, nos seguimos besando con más fuerza y yo me dejé llevar por unos abrazos salvajes, nos recostamos en la alfombra, sus piernas se enredaron entre mis piernas, sonó un reloj en la canción, un timbre fuertísimo, como de despertador, que me sobresaltó. Daniel se rió de mí y me preguntó con ternura si me había asustado. Sus palabras sonaban sensuales, dichas en el oído, me hacían cosquillas y me removían todo por dentro, en las entrañas. No sé si se refería al timbre o a la situación, pero yo no le contesté nada, sólo quería gustarle y que me amara así, con esa, intensidad, también quería parar, quería tomar un poco de aire para controlar mejor lo que pasaba, pero no me atrevía, a la vez me sentía bien en este descontrol, o sea, no sabría explicarlo, tal vez era el vodka puro. Las manos de Daniel me tocaron con fuerza, me tocaron con rabia, las manos se metieron por debajo de mi blusa, hicieron saltar los botones, uno por uno, entonces no supe si lo estaba disfrutando o si el miedo me la empezaba a ganar. No sabía hasta dónde había qué seguir, no sabía si después esto se podía parar. Aunque suene ridículo, se me atravesó la profesora de comportamiento y salud, preciso en este momento, diciendo que después de un punto, las cosas ya no se podían parar. Creo que estábamos justo en el límite cuando se acabaron los discos que Daniel había programado.

El silencio era incómodo, se oían respiraciones entrecortadas, menos mal no se veía nada. Daniel se arregló la camisa y se levantó, para programar una nueva tanda de discos. A tientas, sin prender la luz, logró encontrar uno. A tientas, traté de alisarme la blusa y de poner los botones más o menos en su sitio. Mientras empezaba la canción se oyeron unas risas nerviosas que venían de algún agujero negro del salón. No quería verle la cara a nadie. Miré el reloj del equipo de sonido y me pareció adivinar que eran las dos de la mañana, aunque no alcanzaba a ver bien los números. Sabía que tenía que volver a la casa pero no me atrevía a decir nada, no sabía cómo hacer para devolverme, no encontraba el camino de regreso. Daniel sirvió otro trago y alguien prendió un cigarrillo con un olor diferente. Todos menos yo aspiraron el humo.

Otra vez con la música, volvimos al punto en que nos habíamos quedado. Volvimos a besarnos con furia, nos mordimos los labios, nos apretamos los cuerpos, uno contra otro. Esta vez fui yo –o la voz de la profesora de comportamiento y salud–la que decidió ponerle STOP a la película. Saqué fuerzas para decirle a Daniel que tenía que irme a la casa. Él me rogó que me quedara, me siguió besando y me dijo que me deseaba. Esa frase nunca nadie me la había dicho, yo creía que era sólo una frase de telenovela. Le dije que iba a pedir un taxi y pensé que ahora sí estaba muerta de miedo. El se arregló la ropa pero siguió diciéndome que no lo dejara, que me necesitaba, que me amaba y que hiciéramos el amor. Yo no le dije que todavía no estaba lista, no le dije que tenía pánico de perder la virginidad, que me daba pánico lo de la sangre y lo del dolor, que me rondaban en la cabeza todas las palabras, todas las amenazas, todas las clases teóricas de ética y valores y comportamiento y salud, todas las voces de los adultos, todas las caras de la familia: mis papás, mi abuela, mis tías y hasta mis primas santurronas que se las habían arreglado para estar aquí entre esta cabeza mía que daba vueltas por el vodka y por los besos; sólo le dije que tenía que volver, que por favor me acompañara a mi casa. Él me dijo que si me iba ya, me fuera sola y yo empecé a llorar diciéndole que era cruel, que se estaba portando como esos típicos machos que sólo quieren... No me dejó terminar la frase, sólo se puso la chaqueta de mala gana y les dijo a los amigos que lo esperaran, que quedaban en su casa, que no se demoraba. El de la cara de drogo le dijo que si se le enredaban unos cigarrillos y otra botella de vodka y le dio plata.... Me llevó a la casa y no hablamos una palabra en el taxi. Sabía que me estaba odiando pero, aún así, no quería que se acabara el camino, quería que el taxi diera vueltas, que no encontrara mi dirección, sólo para estar un tiempo más a su lado, aunque me odiara. Parecía tan lejano y tan distante, era otra persona o, mejor, un monstruo. No podía entender cómo había podido quererme tanto unos minutos antes, cómo había podido ser tan dulce y tan amoroso y cómo podía portarse ahora de esa forma, con esa cara de perfecto desconocido, cumpliendo de mala gana con el deber de llevarme a la casa.

Me bajé del taxi, sin decirle adiós. Él tampoco se despidió y yo di un portazo tan fuerte, que por poco vuelvo la puerta de vaivén. El taxista me miró con cara de matarme y arrancó, haciendo chirriar las llantas, como si quisiera vengarse de mí y que todo el barrio se enterara de mis horas de llegada Me quité los zapatos en la entrada de la casa para no hacer más ruido, pero al estúpido perro de mi hermano le dio por ladrar y delatarme. Abrí la puerta, avancé por el corredor en tinieblas y por fin pude llegar hasta mi cuarto sin tropezarme. Agucé el oído y no oí nada sospechoso que anunciara tormenta familiar. Me metí en la cama con la ropa puesta, pero no me podía dormir, las lágrimas y la rabia se ahogaban en mi garganta y ni siquiera podía dejarlas salir, para no hacer el mínimo ruido, el mínimo movimiento, con la esperanza de no despertar a nadie. Pronto me di cuenta de que mis esfuerzos eran inútiles. Desde mi cama, alcancé a oír la voz de papá que discutía con mamá.

El tema, como siempre, era yo, mis malas andanzas, la mentira que había dicho y mis horas de llegar. Papá dijo "mañana esta muchachita va a ver" y lo dijo sabiendo que yo estaba ahí, agazapada en las cobijas, y que oía cada una de sus amenazas. Debía creer que todavía le tenía miedo o que sus palabras realmente me importaban pero el miedo de él, a mí se me había ido quitando y ya tenía suficientes problemas propios como para que me importaran los que se inventaba papá, con sus amenazas de siempre. Yo sólo tenía miedo de que Daniel me dejara por ser tan infantil y por no haberme atrevido... Lo odiaba por presionarme pero sentía que debía tomar alguna decisión. O seguía con él o le decía que no más y luego me moría. Los pájaros me sorprendieron, cantando en mi ventana. Amanecía y yo seguía ahí, paralizada, entre mi cama. Vestida y sin pegar los ojos, sólo pensando que debía tomar una decisión y que, en el fondo, ya estaba tomada.

II. VALERIA

La síquica no pudo con mis exasperantes minutos de silencio y al final me dio de alta. Seguro tenía cosas mucho más interesantes que oír en su "consultorio" (¡con lo que le gustaban los chismes!) y no soportó más mi actitud de *bruta ciega sordomuda*. Lo que demuestra una vez más que mi táctica del silencio absoluto funciona de maravilla, no sólo con mamá, sino con el gremio de los adultos, en general. Una adolescente muda saca más de casillas que mil Julianas y Lucías histéricas, está comprobado científicamente. Los adultos se sienten amenazados con el silencio porque callarse es la mejor forma de decir "me reservo mis opiniones y mis pensamientos". Y eso puede significar que quién sabe qué ideas se están rumiando en la cabeza... Desde: "vieja estúpida," hasta "me voy a suicidar," el pensamiento es libre de pensar lo que le dé la gana. Y, si uno no lo dice, pues ellos no tienen forma de controlarlo...

Total, que en una jugada inteligente (la primera de su vida), la síquica me dio de mi propia medicina: a mí no me dijo ni mu, pero en cambio citó un día a papá y a mamá (obligatoriamente debían asistir los dos, ¡pobre pa!) y les entregó un informe de diez páginas, supongo que en señal de venganza. Era un informe *confidencial*, PERO con copia a la directora del colegio, al coordinador de bachillerato, a la jefe de grupo y a los padres de familia... (¡Espero que por padres se estuviera refiriendo sólo a los míos!)... Mucha hipócrita, ¡pen-

113

sar que insistía en que confiara en ella! ¿me creía boba, o qué? Una cosa era hacerme la boba y otra muy diferente, serlo de verdad y hasta ese extremo de ingenuidad. Por eso nunca abrí la boca.

Gracias a su completo informe, pude por fin conocer los rasgos de mi verdadera personalidad. (Bueno, al menos supe que tenía personalidad, no como creían mis primas, eso ya era algo.) Según sus palabras, yo era "una adolescente extremadamente reservada e introvertida que se refugia en el mutismo como un mecanismo de defensa". "Con baja autoestima, se le dificulta expresar sus sentimientos, emociones y estados de ánimo". Dos páginas más adelante, en el subtítulo de Recomendaciones, sugería "darle oportunidades para fortalecer su socialización con gente de su edad, haciendo énfasis en personas del sexo opuesto".

¡Quién se iba a aguantar a mamá, organizando encuentros "casuales" con amigas suyas que tenían hijos de mi edad y montándole otra vez a mi hermano un operativo para que me llevara a sus fiestas! Por lo menos, en algo que el informe llamaba "perfil académico", estuve de acuerdo: "Alto nivel de inteligencia. Los *tests* que se le aplicaron la ubican en un rango promedio superior. Sus mayores intereses son académicos y se inclina por las ciencias exactas y las matemáticas. Es importante anexar este informe al *test* de orientación profesional que se le aplicará en el próximo semestre". (Perfecto, eso significaba otra copia para la profesora de orientación profesional... Como quien dice, de una vez debería publicar el informe en el anuario, para evitar tanto gasto de fotocopias.)

En eso terminó mi tratamiento. Lo positivo fue que se acabó y lo negativo, el resto. Aunque se me olvidaba reconocer otra cosa positiva: si mal no recuerdo, la primera vez que vi a Gabriela fue allá, en el consultorio de la síquica. (Mamá se enerva cuando la llamo síquica y siempre sale con la misma cantaleta: "¿En qué se parece la sicóloga escolar a Walter Mercado?" Yo creo que, empezando por el peinado, en todo, pero si le contesto así, me mata...) El caso es que Gabriela estaba sentada, como tantos indefensos pacientes, en el diván negro. Entré sin golpear a la puerta y la vi, en posición de loto, con los ojos colorados. La verdad, casi no me había fijado en ella, ni sabía su nombre porque todo el mundo le decía "la nueva" y además la habían puesto en B, que era el curso de Juliana y los de C odiábamos todo lo que tuviera que ver con B. Ese día me cayó gordísima, por la pinta alternativa y por esa pose de víctima profesional que me recordó a Lucía. Dije, "perdón, creí que ya era mi turno" y, cuando iba a salir feliz para aprovechar otros minutos de libertad, la síquica me hizo frenar en seco.

—Entra, Valeria. Claro que es tu turno. Es que le dije a Gaby que se quedara un momento para presentártela —me pareció ridículo el apodo y pensé que, además de plañidera, era cursi para rematar. Mucho después supe que sólo ella le decía Gaby, para pasar por muy amiga y sacarle toda la información para sus famosos informes confidenciales (¡el viejo truco!). La síquica debió pensar: "Junto a estas dos desadaptadas que no tienen amigas y mato dos pájaros de un tiro".

Me dijo que a Gaby la iban a pasar a mi curso porque en B se sentía muy sola. Hice mi mejor mirada de vaca, como diciendo, ¿y a mí qué? pero ella lo tenía todo fríamente calculado. No sólo la pasaron a C, sino que me la instalaron en el pupitre de al lado para que "tú le ayudes en lo que se le ofrezca". Al otro día empecé a entender que, a la nueva, TODO se le ofrecía porque no sabía ni dónde estaba parada. No entendía inglés y tampoco matemáticas ni ciencias, supuestamente porque eran en inglés. Entonces, debe ser buena en español, pensé, pero qué va, en español era un desastre.

—¿Iba es con b larga o con v pequeña? —tuvo el descaro de alzar la mano para preguntarle, preciso a la fiera de español.

—¿Tú qué piensas, Gabriela? —le contestó la fiera, a punto de tragársela.

—Depende —dijo Gaby, después de un rato de pensarlo muy en serio. Parecía estar exprimiéndose toda su materia gris.

—¿Depende de qué? —gruñó la fiera

—Depende... si es iba de ir ... o de venir.

Todo el curso soltó la carcajada y Gabriela se puso como un tomate. Agachó la cabeza y se hizo la que escribía en el cuaderno, pegada al papel, como si fuera cegatona y le tocara casi tragarse las letras con los ojos. Me di cuenta de que se le estaban escurriendo las lágrimas.

Mientras la fiera aprovechaba para echarnos un discurso completo sobre la importancia de la ortografía y volvía por enésima vez a contar su cuento de un profesional con muchos títulos que no conseguía trabajo en ningún lado porque su hoja de vida estaba llena de errores, yo miraba a la nueva con los ojos pegados al cuaderno y sabía que se estaba sintiendo infeliz. Recordé una vez que me sentí tan mal como ella. Estábamos en comportamiento y salud, hablando del tema de todos los años: la reproducción. No tengo bien grabado el comienzo de la escena porque no era nada del otro mundo; sólo recuerdo nítidamente desde el momento en que se me ocurrió levantar la mano:

—O sea que si una persona no es casada, ¿también puede tener hijos?

La carcajada de todo el salón fue tan estrepitosa que todavía hoy, después de dos años, la siento en los oídos. Yo también estuve a punto de tragarme el cuaderno y de no volver nunca a pisar el colegio. Por eso, desde su debut en clase de español, sentí que entendía a Gabriela y decidí adoptarla. Empecé por ayudarle en las tareas pero después vi que era más fácil hacérselas completas; seguí por soplarle en las evaluaciones —cosa que siempre me había dado pánico— y terminé invitándola a estar conmigo en los recreos. Como a mis supuestas amigas no les gustó la idea y como tampoco era que se murieran por estar conmigo, dejé de meterme con ellas y empecé a sufrir una metamorfosis en mi personalidad, al punto de que el informe de la síquica dejó de cuadrar conmigo, especialmente en el perfil académico. Su plan había resultado, claro que con algunas variaciones. Se suponía que yo debía salvar a Gabriela de perder el año y que, como era la pila del curso, le iba a convenir estar al lado mío, para que aprendiera por ósmosis. Pero fue ella la que me salvó y, aunque estuvimos a punto de repetir año las dos, en esa época aprendí más que en ninguna otra. Gabriela me enseñó que sacar INSUFICIENTE no es el fin del mundo y que estar a un milímetro de matrícula condicional por fallas en disciplina es algo que puede pasarle a cualquiera. (Viéndolo bien, incluso, hasta puede dar puntos.) Al comienzo me costó trabajo, pero luego me acostumbré a no saber nunca dónde estaba parada. Y es que las historias de su vida eran mil veces más interesantes (y mil veces más complicadas y difíciles de entender) que las clases de matemáticas.

Poco a poco, Gabriela y yo fuimos contándonos pedazos de vida. Lo que le faltaba a la mía, por plana y corriente, le sobraba a la de ella, por extraña y misteriosa. Nunca como entonces me sirvió tanto ser callada. A Gabriela no se le podían hacer preguntas porque, hasta las cosas más tontas, como "para dónde vas" o "qué vas a hacer el domingo", la hacían caer en un estado de mutismo total y se sentía agredida, como tantas veces me había sentido yo con los interrogatorios de la síquica o de mamá. Tal vez por haber sido víctima de la curiosidad ajena, respetaba sus silencios y nunca le pedía más de lo que podía (o quería) decirme. Lo que fui sabiendo de ella, de su vida gitana, siempre cambiando de ciudad y de colegio, con un papá que aparecía y desaparecía misteriosamente, lo supe porque ella tenía necesidad de contarlo y yo estaba ahí, muda, simplemente oyendo, sin bombardearla con preguntas y sin pedir nada a cambio. Yo también le conté de mis problemas, de las visitas a la sicóloga, de mi sensación de ser siempre el bicho raro de la familia y del colegio, pero mis historias sonaban planas y sin suspenso, comparadas con las suyas.

Fue la primera vez —y no sé si la única—que tuve una mejor amiga en todo el sentido de la palabra. Nos volvimos uña y mugre y andábamos juntas para arriba y para abajo. Muchas veces en ese año fuimos las dos únicas del curso a las que no invitaban a las fiestas, pero ser dos cambia por completo las cosas. Dejé de sentirme mal por esas boberías, para considerarlo un honor. Y eso que Gabriela era bonita. Desde mi punto de vista, llenaba todos los requisitos para ir a las fiestas y tener el éxito de Juliana. Yo no entendía, que, para tener ese tipo de éxito, hay que parecerse al resto del mundo en todos los sentidos. Y Gabriela no se parecía, aunque usara *jeans* de la misma marca y aunque no fuera plana como una mesa. Su papá estaba huyendo. Su mamá no iba a las reuniones de padres de familia. Es más: ni siquiera fue al bazar. Su casa no parecía estar en el límite de las calles donde estaba permitido vivir a los que eran "gente igual a nosotros", como decía la abuela. Por supuesto, nadie me dijo nunca esas cosas así como las estoy diciendo ahora. De eso no se habla (esas cosas no se dicen, simplemente están ahí y se transmiten sin palabras; de generación en generación... son parte de la "cultura general"). Yo sólo sabía que Gabriela era mi mejor amiga, que se había hecho parte indispensable de mi vida y que yo también era parte de la de ella. Por eso hice todo lo que estuvo en mis manos para que nadie nos separara. Y, aunque en el último trimestre nos clavamos a estudiar, ella se quedó en Décimo. No hubo caso de salvarle el año.

—No es el fin del mundo, Valeria. No te pongas así. Igual, nadie nos va a separar: nos seguimos viendo en los recreos —me dijo, cuando supimos los resultados. Pero algo me decía que las cosas no eran tan fáciles ni dependían tanto de nosotras como ella quería hacerme creer, seguro para evitarme sufrir antes de tiempo.

III. LUCÍA

A pesar de que hice lo posible por odiar todo el tiempo a Connie, no pudo caerme mal, lo juro. Al comienzo la miré de reojo, luego me fui descarando y empecé a examinarla de pies a cabeza, para tratar de encontrarle algo desagradable, algo feo, algo de mal gusto. Tal vez demasiado maquillaje, pero no: el maquillaje se le veía bien. Tal vez esa nariz demasiado respingada, seguro se había hecho la cirugía plástica, pero no: la nariz estaba bien y de pronto, hasta era natural. Tal vez la pinta, como muy moderna, ¿quería aparentar que era joven, o de verdad lo era ?... Le calculé la edad: debía tener treinta y pico, pero MUY bien conservados; en todo caso, mucho más joven que mamá sí era. Me sentí miserable y me acordé de la frase célebre de mi abuela: "Toda comparación es odiosa". Mi abuela, que era campeona en hacer comparaciones entre primas, siempre se las daba de democrática aunque nadie, ni siquiera ella misma, se lo creyera. Lo menos que quería era compararla con mamá. Eso, seguramente, era lo que había hecho papá. Sin poder evitarlo, pensé que Connie ganaba, por lo menos en la parte física. Para ponerme del otro lado pensé que mamá había tenido cuatro hijos, cinco con mi hermano Manuel; en cambio, la otra era una buenavida. Se la debía pasar en el gimnasio y en la peluquería. Así, cualquiera gana. Respiré tranquila y pude odiarla un rato más.

Papá nos había invitado a almorzar a las dos a

un restaurante. Era la quinta vez que salía con él después de haberlo perdonado. En realidad, sólo pude odiarlo quince días seguidos, lo que demostraba la teoría de mamá: a ella no le pasaba ni media; luego aparecía papá y yo me derretía, como el mismo merengue de siempre. Habíamos estado varias veces solos hablando muy largo y él ni siquiera había invitado a mis hermanos, seguro para invertir toda su energía en reconquistarme. Lo de hoy era la prueba máxima de sus poderes de convicción: Yo, como un corderito, diciéndole sí, papá, ya estoy preparada para salir contigo y con esa (perdón, con ella). Estaba muy nerviosa y llevaba una semana comiéndome las uñas; es más: ya no tenía uñas para comer, sino los dedos en carne viva. Él pasó a recogerme sin ella. Desde mi cuarto, sentí el ruido inconfundible de su carro y me asomé por la ventana, muerta del miedo, esperando verla sentada ahí, en el antiguo puesto de mamá. Alcancé a pensar que iba a tener tiempo de detallarla primero y que eso me daba cierta ventaja sobre el enemigo. Pero la sorpresa de ver a papá bajarse solo me hizo ilusionar más de la cuenta. Seguro Connie no había podido o no había querido venir. Mamá gritó desde la cocina un "Lucía, llegó tu papá", lo más normal que pudo. Bajé corriendo, le abrí la puerta, le dije que entrara un momento, mientras terminaba de alistarme. No sé por qué lo hice, si ya estaba lista y a leguas se me notaba. Debió ser por un sentimiento infantil, una esperanza ingenua y absurda que sigo conservando hasta última hora. "Que papá vea su casa, tan bonita y acogedora como siempre, y decida que le hace falta y que, en realidad, nos extraña mucho. Quién quita que se quede... "

Si Pilar hubiera estado, seguro habría tenido una explicación sicológica para semejante fenómeno. Recitaría sus apuntes del cuaderno sobre las etapas que tiene un duelo: negación, rebeldía, negación, negación, hasta que, después de otra lista de palabras, termina en aceptación. Son pasos que ella le va acomodando por la derecha a todo el mundo, sin tomarse el trabajo de ver quién es la persona o qué le está pasando. Papá ya se debía saber la lección porque me dijo bien clarito, para que no me hiciera ilusiones: "No te preocupes, te espero en el carro. Y apúrate porque tenemos que pasar por Connie".

Subí las escaleras pensando que era un imbécil y que se merecía que los dejara plantados a los dos. Pero fue un pensamiento momentáneo. Podía más la curiosidad y no quería seguir aplazando el momento porque ya me había costado todas las uñas. Así que fui a la cocina y le di un beso a mamá, exagerando mi cara de resignación, para ser solidaria con ella, que se quedaba tan sola un domingo, mientras yo me iba a conocer a la nueva novia de papá.

No hablé una sola palabra en el camino; sólo ajás, cuando eran estrictamente necesarios. Papá debió pensar que el plan iba a ser un completo desastre pero siguió manejando como si nada, haciéndose el bobo y poniendo todos los temas de conversación que se le pasaban por la cabeza, a ver si yo mordía el anzuelo con alguno. Me dijo que a dónde quería ir a almorzar, que hoy era un día muy especial y que escogiera mi comida favorita. Se las daba de que conocía mis gustos y me habló de un nuevo restaurante italiano donde daban unas pizzas maravillosas. Decidí acabar con los ajás para contestarle que no le veía nada especial a este día y que además a mí no me mataba la pizza, que seguro me estaba confundiendo con Pilar. Hasta ahí le llegó su paciencia. Apenas pudo estacionar, apagó el carro y, con ese aire controlado y autosuficiente que sacaba de casillas a mamá, me dijo: "Si no quieres ir, no te preocupes. Te puedo comprar comida rápida y te vuelvo a dejar en la casa, no hay problema. Pero si vas, por lo menos trata de pasarlo bien". Quise estallar y decirle que, claro, que me dejara en la casa, que no se preocupara por quedar mal delante de su Connie, que mejor no corriera riesgos conmigo, pero en el último momento me contuve y, como una mansa paloma, le dije "Sí quiero ir. Lo que pasa es que tengo dolor de cabeza, discúlpame". Si seré imbécil... Parecía una niña de cuatro años, prometiendo que no lo vuelvo a hacer, papito. Me odié a mí misma por semejante falta de carácter y, de nuevo, pensé que la ridícula esa tenía la culpa de todas mis desgracias y de la forma tan dura como él me trataba ahora.

Nos estaba esperando en la portería del edificio donde seguramente vivían juntos. La vi caminar directo hacia el carro y pensé que no estaba nada mal. Esa fue mi primera desilusión; si hubiera resultado fea, gorda, vieja o enana, me habría sentido mil veces mejor. La segunda desilusión vino inmediatamente. Papá me hizo una mirada que quería decir: "Pásate al asiento de atrás". Como me hice la de las gafas, me lo dijo con palabras en las narices de ella, y, a pesar de la humillación, no me quedó más remedio que obedecer.

—Connie, te presento a Lucía —dijo papá.

—Mucho gusto, Lucía, me moría de ganas de conocerte —dijo Connie.

Yo sólo dije "hola", la verdad es que no me salió nada más; por dentro pensaba que tan hipócrita, que seguro se moría, pero del pánico de conocerme, que si hubiera sido por ella, habría pagado lo que fuera para ahorrarse semejante plan, además yo no era un fenómeno anormal como para causar tanta curiosidad, "me moría de ganas", acaso, ¿qué le habría dicho papá de mí? Hice una sonrisa forzada con mis dientes fosforescentes, la típica sonrisa de educación que toca hacer para las visitas de adultos indeseables. Ojalá se diera cuenta del esfuerzo que me estaba costando ser amable. Olía delicioso, con un perfume nada estridente, una mezcla de naturaleza con olor a limpio. Me gustó el olor pero tampoco era para exagerar, no había que caer en la trampa de la seducción por un simple perfume. La tercera desilusión fue que ella empezó a hablar con papá, como si yo no estuviera presente. Le dijo que no sé quién acababa de llamar para invitarlos mañana a no sé dónde y que entonces le iba a tocar salir temprano del trabajo y cancelar la cita con no sé quién y que lo mejor era que se encontraran él y ella en el café de la calle no sé dónde, sí, en el mismo café de siempre, para no complicar, porque con el tráfico que había a esa hora... La cuarta y última desilusión fue ver la cara de absoluto idiota con que la miraba mi propio papá, un tipo al que yo siempre había considerado una persona sensata, seria y objetiva. Creo que se me quedó grabada su imagen porque todavía lo veo ahí, manejando y mirándola al mismo tiempo, fascinado, y además diciéndole a todo que sí y que claro, como tú quieras, mi vida, haciendo esos ridículos planes para mañana, que nos excluían del todo a nosotros, los de su antigua familia. Me pareció que ella, con su típica astucia de la mala de la telenovela, quería *sentar un precedente*, como dicen los adultos, y delimitar, de una vez por todas, los lugares que a cada uno le correspondían en esta vida. (Puede que tú, Lucía, logres colarte, si acaso, en los almuerzos del domingo, pero yo comparto todos los días de la vida con tu papá y mira cómo me obedece, que te quede bien clarito...) Si yo le contara esto a Pilar, diría que soy una paranoica y seguro hasta haría su tesis de grado sobre mi caso clínico, pero cualquiera con dos dedos de frente, que hubiera estado ahí, habría sentido lo mismo. Por lo menos, a mí me cayó de perlas sentirlo, porque encontré un motivo verdadero para odiarla, a pesar de su olor a naturaleza limpia, de su pinta moderna y de ese algo encantador que, también a mí parecía a punto de seducirme, hasta caer rendida a sus pies y perdonárselo todo de una, en nuestra primera cita.

Por eso traté de estar alerta durante todo el almuerzo, haciendo un esfuerzo gigantesco para parecer educada pero distante. Creo que habría podido lograrlo y todo habría salido perfecto, según mi programación, si hubiera caído en la cuenta de seguir escondiendo las manos debajo del mantel, pero entonces, ¿cómo iba a comer pizza, sin manos? Cuando descubrió mis uñas, hizo una cara como si yo tuviera lepra, a leguas se notaba que nunca había estado cerca de alguien que se comiera las uñas; en su mundo perfecto de peluquería, eso debía ser tan grave como el sida. Me preguntó qué me pasaba y, en el colmo del abuso, se abalanzó por encima de la mesa y me tomó las dos manos entre las suyas, como en esas típicas escenas de película: dos mujeres tomadas de la mano, en un café italiano, sobre un mantel de cuadros. En este caso, cualquiera a lo lejos, habría imaginado un reencuentro cariñoso de madrastra e hijastra con un parlamento del estilo del "qué te han hecho, mi pobre niña".

Me sentí peor que si me hubieran empelotado en público, me puse como un tomate y traté de esconder mis dedos en carne viva, otra vez debajo del mantel. Fue en ese momento cuando, sin querer, toqué la media botella de vino y la hice perder el equilibrio. Después de algunos segundos de indecisión en los que nadie pudo hacer nada ante una botella tambaleante, como sucedía en el verdadero juego de la botella, el vino cayó sobre el conjunto deportivo gris perla de Connie. Para colmo, estaba casi completa porque sólo papá había querido tomar una copa. Ella y yo habíamos preferido limonada, tan naturales, tan cómplices y tan bien que parecíamos estarnos entendiendo...

Las escenas siguientes fueron grotescas. Un mesero echando sal, encima de la mancha de vino rojo. Connie diciéndole a papá "no importa" pero con cara de sí importa. Papá queriendo matarme. Ella bañada en vino rojo y sal, sobre sastre gris perla, subiéndose al carro... Yo, bajándome luego y diciendo un lánguido "qué pena contigo, te juro que fue sin culpa. Adiós y gracias, lo pasé delicioso". Toda la semana he insistido en que no lo hice a propósito. Lo he dicho una y mil veces y sería capaz de jurarlo sobre la Biblia. Además, en el fondo, me había caído bien. Qué culpa tengo yo de que al final, casi en los postres, le hubiera dado por actuar de madrastra compasiva, preciso en la primera cita. Es que sólo le faltó preguntarme si te maltrata tu mamá o si tienes algún problema en la casa. ¿Cuándo se daría cuenta la estúpida de que, precisamente, el problema era ella?

SIETE

BUSCANDO DIRECCIONES

*There's a lady who's sure all that glitters is gold
and she's buying a stairway to heaven.*

Jimmy Page & Robert Plant

I. JULIANA

—Por fin solos —dice Daniel, en la cima, y abre los brazos al infinito con gesto de Freddy Mercury—. ¿Viste que no era tan lejos?

—Nooo, qué va.

Me parece lejísimos, en el fin del mundo, pero no digo más, con la garganta tan seca y con la rabia que tengo. Me quito el morral de la comida, exagerando el gesto, a ver si se da cuenta de que pesa como un crimen. Hasta debo tener llagas en la espalda.

—Eso no es nada. La carga dura me tocó a mí. Y se va liberando de la carpa, de los *sleeping bags* y de mi maletín.

—Un poco exagerada la niña, ¿no? Había que traer una muda, no una maleta para el reinado de Cartagena. Creo que se te olvidó el secador de pelo... —dice sarcástico.

El paseo, que pintaba tan divertido, me está pareciendo espantoso. No hemos hecho más que pelear desde que el bus nos dejó en el pueblo y empezó la parte de andar a pie. Ahora, que llegamos por fin al lugar donde Daniel ha acampado tantas veces con sus amigos y a donde tantas veces había prometido traerme, no me parece que sea "la cima del mundo", ni mucho menos. Me muero de los celos, pensando con quién vino antes de mí y no sé si es eso o el cansancio o nuestra próxima despedida lo que me tiene así, tan agresiva. Parece que todo nos está saliendo al revés...

Él, en cambio, se ve radiante, como si por fin estuviera en su verdadero *hábitat*. Se conecta al *disc man* y empieza a cantarme la canción de Dylan, en versión de los Rolling Stones. Ahora jura que es Mick Jagger en concierto.

> *How does it feel*
> *to be on your own*
> *like a complete unknown*
> *with no direction home*
> *jus´t like a rolling stone.*

–Ya deja de hacer esa cara, Juli, que este era nuestro sueño. Qué se siente... estar como una completa desconocida... como una piedra rodante... –improvisa una traducción, a los gritos. Le arranco los audífonos.

–Listo. Yo dejo de hacer la cara y tú dejas de gritar. Pareces demente.

–Estaba cantando, no gritando, qué ofensa. Era una serenata para ti, la letra de esta canción te cuadra perfecto... Oye esto: Fuiste a la escuela más fina, *all right, miss Lonely,* pero nunca nadie te enseñó a vivir en la calle (con un crápula como yo)... tu papá podría dedicártela, especialmente para su *princess. How does it feel?*

–Mi papá tiene estos discos y los oye a un volumen que es de enloquecerse. ¡Mil veces peor que el tuyo! De bebé, me arrullaba con *Stairway to heaven.*

–Ahora entiendo por qué te pones histérica de un momento a otro... Seguro, cuando empezaba la parte

131

dura de *Stairway to heaven*, entrabas en shock y convulsionabas...

–Sí claro... sigue burlándote. ¡Cómo es la vida…! Andar yo tan lejos, para terminar oyendo las mismas canciones. Si papá supiera que te gusta su música, hasta dejaría de odiarte.

–¿Tú crees? Yo lo dudo. Pero, por lo menos, debería agradecerme que algo he contribuido a mejorar tu gusto musical. De Ella Baila Sola a los Rolling Stones, sí hay un abismo.

–Qué pena, pero esa música tuya es de cuarentones decadentes, del siglo pasado.

–O sea que tu papá es un cuarentón decadente del siglo pasado.

–Mejor cambiemos de tema. Lo que menos quiero es pensar ahora en mi papá. Debe estar odiándome. ¿No ves que tengo las orejas rojas? Eso significa que están hablando pestes de mí. Me los imagino a todos, en el cumpleaños de la abuela, seré el plato fuerte del menú.

–Sí, mejor cambiemos de tema... mira ese sol de los venados, cómo cae sobre las montañas... ¡Qué maravilla!

Daniel empieza a describirme todo el paisaje como si se hubiera desdoblado y de repente fuera otro, distinto al tipo urbano y metalero que yo conozco. Me pasa el brazo por la cintura mientras miramos las montañas de distintos verdes y se fascina con la colcha de retazos salpicada de casas diminutas, que parecen de pesebre.

–Desde aquí, la Sabana de Bogotá es alucinante, quién lo creyera. Como los bebés: sólo de lejitos o cuando están dormidos, se ven divinos...

–Oye, ¿no será que te tragaste algún hongo del camino, sin que yo me diera cuenta?

–Sí y me supo delicioso, con la leche condensada... No me mires así, era un chiste.

–Más te vale.

Daniel vuelve a enchufarse a los Rolling Stones y cada uno, con la disculpa del paisaje, se pierde en su propia película. Miro hacia abajo y pienso que, en algún lugar muy lejano, están la finca y la familia, con la abuela y su cumpleaños, que tal vez es el último, según dicen todos los años las tías, y al que, por primera vez en mi vida, no asistiré. Seguro están allá mis primas, como miembros activos de "la Inquisición Familiar". Me parece ver a Lucía en su papel estelar de niña buena golpeada por la vida, y a Valeria, con su actitud indiferente, de actriz secundaria. A esta hora habrán hablado del clima y de la política y estarán en el capítulo de Juliana, que ya no aparece, ni siquiera en ocasiones tan especiales como hoy y a la que todo le importa un... pepino. Dirán que me lavaron el cerebro y que me han hecho mucho daño. "Me han hecho", usarán el plural, pero en realidad se referirán a Daniel Botero, tercera persona del singular. Todos estarán de acuerdo en pensar que a mí me han hecho, que yo no he hecho nada, como si no tuviera capacidad de hacer YO, en primera persona, de decidir YO. Alguna tía llegará a la brillante

133

conclusión de que soy la oveja negra de la familia y no faltará quien piense que, en el fondo, hacemos una buena pareja, que somos tal para cual. Como quien dice, "que entre el diablo y escoja."

—¿En qué piensas? —pregunta Daniel.

—En el cumpleaños de la abuela.

—¿Todavía...? Para esa gracia, te hubieras quedado allá.

—Es injusto que me lo digas. Tú sabes el trabajo que me costó —le reclamo, con mi voz de telenovela. (Sólo me falta la típica frase: "lo hice por ti".)

Para mí no fue una decisión fácil. Pero este sí es, de verdad, nuestro último fin de semana juntos, o sea que no tuve alternativa. Daniel se va del país o, mejor dicho, su papá lo manda, como si fuera un paquete incómodo del que hay que deshacerse. Le consiguió un internado, a ver si por fin logra sentar cabeza y traer un diploma de cualquier reformatorio para niños problema, aunque cueste una fortuna. Lo miro, otra vez con su *disc man*, quién sabe en qué galaxia, y se me viene a la cabeza el verso ése de su poeta preferido: *Soy un perdido, soy un marihuano, a beber a danzar al son de mi canción...* Siempre le gusta insistir en su papel de malo, debe ser de tanto que se lo han repetido. Parece que soy la única que lo quiere de verdad y quisiera decírselo ahora, pero tengo una mezcla de rabia con tristeza. Un nudo en la garganta que casi no me deja hablar.

—Y tú también: para esa gracia, te hubieras quedado en Bogotá oyendo esa música a todo volumen. Creo que aquí, yo sobro —Otra vez me sale la telenovela completa, a pesar de que quería decirle cosas tan diferentes...

—Es que estás insoportable —me dice Daniel—. La idea era estar felices.

Se me ocurre pensar qué distinta es esta felicidad de ahora, comparada con esa otra, tan falsa y artificial, de Walt Disney. Todos siempre tan buenos y tan bien vestiditos, con pajaritos cantando alrededor. Nadie se molesta en enseñarte que la felicidad a veces termina pareciéndose al infierno, que la felicidad es estar vivo y enredado, triste y con rabia a la vez, y que, para ser feliz por algunos ratos, hay que sentir intensamente, como ahora.

—A veces pienso que tú y yo estamos en el lugar equivocado, como en la propaganda. Nos conocimos en el momento equivocado —dice Daniel.

—Qué telepatía, estaba pensando en lo mismo —contesto. Pero ya no puedo decir nada más; sólo se me ocurre abrazarlo y sentir que ese abrazo intenso dice todo lo que no pueden decir mis palabras.

Daniel decide ponerse a trabajar antes de que oscurezca. Las tareas de la vida cotidiana le caen de perlas para evitar "el melodrama", como llama él a todo lo que tiene que ver con sentimientos. Se ocupa en armar la carpa y en prender la fogata, mientras yo me quedo ahí como un *zombie*, haciendo el papel de su ayudante y alcanzándole o sosteniéndole las cosas, según sus instrucciones. En realidad, no hago mucho más que estar ahí, fascinada, viendo cómo sus brazos fuertes pueden resolverlo todo para darme casa, comida y abrigo. Ya con calor de hogar, asamos salchichas y se nos queman las papas en la fogata, como si fuéramos dos recién casados jugando a la casita. Destapamos una botella de vino para ver si se nos quita el frío y también para celebrar que estamos juntos, aquí y ahora, y que lo demás no importa. La noche helada termina de caer y sólo vemos unas pocas luces del pueblo, en medio de ese mar negro que es ahora la Sabana, debajo de nuestros pies. Se escuchan los ladridos lejanos de un perro, mezclados con las chispas de la fogata.

Acostados boca arriba, con los ojos perdidos en las estrellas, enchufamos los audífonos al *disc man* y quedamos unidos como si tuviéramos un cable, pero al cielo. La música de Led Zeppelin entra directo a nuestras cabezas, sin tocar el aire. Esa flauta suave y esa guitarra lenta dentro de mí me van revolviendo todo, no sé si en las entrañas o en el corazón o en un lugar muy lejano de la memoria, como si fuera muy pequeña todavía y estuviera envuelta en un arrullo sin palabras, sólo esa música, entre melancólica y celestial... *and she's buying a stairway to heaven*. Siento los ojos húmedos, no sé si por lo de antes o por lo de ahora, *hay un sentimiento que tengo cuando miro hacia el oeste y mi espíritu está llorando por la partida*, trato de traducir a mi idioma pero esto no se puede traducir con palabras, es simplemente una sensación. Daniel me mira desde su mundo, ese mundo suyo alucinado, que a veces está tan lejos y otras veces tan cerca del mío.

—¿Pongo *repeat*? —me pregunta, igual al ¿quieres que te lo cuente otra vez? del cuento que me contaba la abuela y yo siempre decía que sí y ella lo repetía idéntico, diez o veinte veces seguidas, si era necesario, hasta que yo me dormía, pegada a la música de su voz. El arrullo de Led Zeppelin vuelve a sonar, son tantas las repeticiones que ya ni las cuento, sólo siento el mismo ritmo: primero suave y luego pesado, acelerado, trepidante, como la pesadilla que estalla y nos recuerda siempre que *nuestra sombra es más alta que nuestra alma*, caigo otra vez en la estúpida tentación de traducir, mientras Daniel, de viaje por su propia constelación, lleva el ritmo con las manos de nosotros dos.

—*Yes, there are two paths you can go by but in the long run there's still time to change the road you're on* —me canta, sin los audífonos, mirándome a los ojos.

—¿Qué? —yo también me quito los audífonos

—Que hay dos senderos, pero en la larga carrera todavía estás a tiempo de cambiar el camino en el que estás —me traduce.

—Yo entiendo las palabras, pero ¿qué quieren decir?

—Pues lo que oyes. Vente conmigo. Todavía hay tiempo.

—Estás loco... Ojalá fuera tan fácil.

—Yo sé que no es fácil, pero se puede.

—¿Estás hablando en serio?

—*Dear lady .... your stairway lies on the whispering wind.*

—Claro... me estás tomando el pelo. Soy una estúpida...

—No eres una estúpida y no te estoy tomando del pelo. Es en serio.

Nos quedamos callados, oyendo y pensando. No se me ocurre una respuesta...

–Voy a volver a hacer aeróbicos la otra semana –me oigo decir, de pronto, con absoluta seriedad, como si acabara de tomar la decisión más importante de mi vida. Nada qué ver con el tema. Mis palabras suenan descoordinadas y absurdas, rompen la magia en pedazos y acaban con la atmósfera.

Daniel me mira sorprendido como diciendo "Y a esta, ¿qué le pasó?". Entonces nos entra un ataque de risa incontrolable, como si tuviéramos la risueña y acabáramos de fumarnos una libra de marihuana.

–Para distraerme y no pensar –le digo entre carcajadas –. Para no morirme...

De repente, mi risa se va volviendo risa histérica y luego se convierte en sollozos. Y todos los sollozos que estaban ahí adentro agazapados, empiezan a salir en tropel, uno empujando al otro y al otro y al otro, con un torrente interminable de lágrimas y yo sé que cuando esto empieza, cuando se abre la catarata, ya no se puede parar así uno quiera, así nos hubiéramos prometido que nada de tragedias y nada de melodramas, así hubiéramos soñado con la noche más feliz, para guardarla siempre en la memoria, como un recuerdo de lo felices que podíamos ser cuando estábamos juntos.

–Tú me habías prometido una cosa –me dice Daniel, con un hilo de voz, tratando de calmarme o de calmarse a sí mismo, quizás en el borde de sus propias lágrimas y vuelve a insistir en que me vaya con él. Una parte de mí quiere decir que sí pero otra parte sabe la verdad, y es de esa parte desde donde vienen todas mis lágrimas, sin que yo pueda controlarlas, a pesar del esfuerzo que hago para ser fuerte y cumplir con mis promesas.

Daniel no parece preparado para tanto despliegue de emociones; de sobra lo conozco para saber que no puede manejar las explosiones de llanto, que mi derroche de sentimientos lo hace sentir incómodo y culpable.

–Está bien: en un año te gradúas. Mientras tanto, yo te voy consiguiendo algo allá: un intercambio o cualquier cosa. Y de grado, haces colecta para el pasaje.

Yo no puedo creerle, a pesar de que lo intento y a pesar de todos los esfuerzos que él hace para convencerme. "No me demoro, nena, después vuelvo por ti". Ya no soy una niña que se puede dejar en cualquier parte, engañada con mentiras, "duérmete niña, ya viene mamá".... todo lo daría por creer, pero no puedo. Es como si se me hubieran acabado todas las posibilidades distintas a llorar. Es como si sólo tuviera lágrimas en el cuerpo. Un mar de lágrimas que parece no acabarse nunca.

II. VALERIA

Mamá es insaciable. Nunca está contenta conmigo. Antes, el problema era que no tenía amigas. Ahora, el problema es que tengo una. Está bien, reconozco que no se acomoda a su gusto, pero, qué le vamos a hacer, entre gustos no hay disgustos. Tampoco las amigas de ella se acomodan al mío. La diferencia es que yo respeto sus amistades, mientras ella irrespeta las mías. Nunca pierde oportunidad para someterme a sus interrogatorios:

—¿Dónde vivía antes Gabriela?

—En Cali.

—Ah... ¿y por qué se vinieron a Bogotá?

—Ni idea.

—¿Será que al papá lo trasladaron? (Suposición, seguida de nuevo interrogatorio)—: ¿Qué hace?

—Ni idea... supongo que negocios.

—¿Qué tipo de negocios?

—¡Yo qué voy a saber!

—¿No te ha dicho nada?

—No.

—De una vez deberías decirme que no quieres hablar...

—No quiero hablar.

—¡Qué raro! ¿Cuándo has querido? —dice, ofendida.

Silencio absoluto, a ver si me deja en paz. Sale del cuarto refunfuñando. Habla entre dientes, como si rezara. Mi estrategia de *bruta ciega sordomuda*, sigue funcionando. Ahora, más que nunca, es una cuestión de supervivencia. Si yo le contara a mamá lo que sé de Gabriela, se armaría la grande y, conociéndola como la conozco, sería capaz de prohibirme verla. Es más: aunque me falta sólo un año para terminar, hasta me cambiaría de colegio o iría a hablar con la directora para decirle que "el personal" se está volviendo "muy mezclado". Podría añadir, usando los términos de la abuela, que "la familia de esa niña no es gente conocida, nadie sabe de dónde salió". ¿Conclusión? La gente que no es "conocida" por mi sagrada familia no tiene derecho a existir.

Hoy precisamente, como todos los años, asisto a la ceremonia de otro cumpleaños de la abuela. "¿Cuántos cumple?" me atreví a preguntar hace tiempos, cuando era niña. Me dijeron "eso no se pregunta", pero creo que entonces eran setenta y pico. Ahora deben ser ochenta, por lo menos. "La oportunidad de ver reunida en la Hacienda La Unión a una familia tan distinguida es, para mí, un motivo de orgullo..." Así empieza el sermón del cura, que es idéntico al de todos los años. No necesita ni prepararlo, se lo sabe de memoria.

La única ventaja de las celebraciones de la abuela es que nadie necesita pensar nada y tampoco hay que improvisar. Todos tenemos nuestros papeles, como en una función de teatro que se repite idéntica, año tras año. A nadie le han dicho nunca "siéntate aquí, este es tu puesto," pero cada uno sabe perfectamente cuál es el suyo. Hay jerarquías asignadas, eso nunca se ha discutido; simplemente es así. En primera fila está la abuela, como es natural. Y al lado están las tías más importantes. ¿Por qué son más importantes? Porque se sientan adelante. Y ¿por qué se sientan adelante? ¡Pues porque son más importantes! Eso tampoco se pregunta. Así es y punto.

Luisa es la mayor y es importante porque es la mano derecha de la abuela. Entiendo que se siente adelante; al fin y al cabo, la cuida (y se la aguanta) todos los días, mientras el resto de los hermanos hace su vida como le da la gana. Carmencita, la mamá de Lucía, es importante tal vez porque ha sufrido mucho, pobrecita. Y también porque es mandona, como su hija. (De tal palo, tal astilla.) Leonor, la mamá de Juan y Luis, también es importante, seguro porque es "la mejor casada de todas". ("Se casó bien, con un hombre de familia conocida y muy acomodada", diría con orgullo la abuela.) Detrás sigue otra banca, también de tíos más o menos importantes. Por ejemplo, está Eduardo, el papá de Juliana, que "ha ocupado altas posiciones en el gobierno, pero últimamente está de capa caída porque es liberal y en este gobierno de conservadores no le dan juego; así es este país..." Repito textualmente las palabras de la abuela y, aunque nadie, empezando por ella, reconozca que el aprecio es directamente proporcional a la posición social que cada hijo ocupe, es un hecho: las jerarquías y los poderes existen en mi familia y se transmiten de padres a hijos. Papá y nosotros nunca hemos estado en la banca de adelante y sé que a papá lo tiene sin cuidado; es más, creo que no sólo lo disfruta sino que también lo patrocina. Casi siempre se olvida del cumpleaños de sus hermanos y mamá se queja de que es la última en enterarse de los chismes. A ella sí le importa y se siente discriminada. "Prefieren a las hijas de las hijas", la he oído decir para justificar el amor que siempre ha sentido la abuela por Lucía.

La misa se pasa volando mientras analizo la situación, como si yo fuera parte del público y no de la escena. Cuando me doy cuenta, estamos en la comunión, con las tías más santas haciendo cara de niñas buenas, en fila. (¡Sólo les faltaría pasar en orden de estatura!) Es esa "cara de circunstancias" que hacen cuando están juntas, la que me molesta, más que las jerarquías. No sé muy bien ponerlo en palabras (para colmo, soy pésima con las palabras), pero es una especie de personalidad colectiva que se apodera de la familia en este tipo de reuniones. Todos se ríen al tiempo, repiten los mismos chistes y los mismos gestos, hablan en coro y, entonces, la boca y los dientes se les ven más grandes. En todo caso, los prefiero de uno en uno; no reunidos así, como si fueran "un sólo cuerpo y un sólo espíritu".

—Podéis ir en paz —dice el cura.

—Demos gracias a Dios —contesta el coro.

Después de la misa, sigue la segunda escena: Almuerzo familiar. De entrada, con los camarones, le toca el turno a Juliana, que no vino al cumpleaños, "por irse de fin de semana, sola, con ese muchacho". "¡Qué horror, cómo cambian los tiempos! ¡Y dicen las malas lenguas que hasta drogadicto debe ser!"... Las tías hacen su típica cara de "qué escándalo", a escondidas de tía Julia, que se ha ido a la cocina, preciso en el mejor momento. El plato fuerte es el papá de Lucía, que, por supuesto, no está presente desde que anda con la tal Connie. El tema se ventila con la pobre Carmencita, que ha sufrido tanto, ahí en el medio. Todos mueven la cabeza como diciendo "qué tristeza". Es esa forma de mover la cabeza al mismo tiempo y con el mismo ritmo, como esos perritos de adorno de los taxis, la que me saca de quicio, no sé explicar por qué...

De postre, me toca el turno. Aunque estoy sola con Lucía en la mesa, algo me dice que, por su boca, habla la personalidad colectiva de las tías, la voz de la sabiduría:

—Gabriela y tú son como el agua y el aceite —dice Lucía—. Nadie entiende qué le ves ni por qué diablos andan juntas. Además, según Juliana, esa Gabriela es más rara que un perro verde. Cuando estaba en B, la llamaban "la desadaptada".

—Mira quién habla de gente rara —me le enfrento—. Más raro que Daniel Botero no hay. No sé qué tiene qué decir Juliana, si sale con semejante joyita de tipo.

Lucía me mira, asombrada de ver mis agallas. Es la primera vez que me atrevo a contestarle lo que pienso. Se ve feliz de oírme atacar a Juliana. Su estilo de los nueve años sale a relucir, buscando que yo sea su aliada en la guerra contra ella. Como parece a punto de irse lanza en ristre contra Juliana, con nuevos detalles, decido aclararle, de una vez por todas, mi posición neutral:

—Quiero decirte una cosa, Lucía: tus problemas con Juliana son tuyos. No tengo ni idea por qué decidiste odiarla así, de un momento a otro pero a mí no me metas en la mitad, ni me llenes la cabeza de chismes, que ya no tenemos nueve años. (¡Uff! Yo misma me sorprendo de no ser la mosquita muerta de siempre...)

—Pues, para que lo sepas, tú también sales en su diario. Leí una parte completa en la que se burla de ti y de tu fiesta de trece años, aquí en este mismo patio. Y luego tiene el descaro de meterse conmigo y con mi papá. Por ese diario, me enteré de lo de Connie. ¿Te parece justo?

—Me parece que uno puede burlarse del que le dé la gana y decir lo quiera en SU diario. Un diario es PRIVADO, ¿entiendes? ¡Quién te manda meter la nariz en lo que no te importa!

—Si te contara todo lo que Juliana dice de ti...

—Me importa un comino —obvio que sí me importa pero no le voy a dar gusto.

—Tu mamá tiene razón... ¡Cómo has cambiado desde que andas con Gabriela! —dice Lucía, con cara de víctima ofendida. No puede entender que, por primera vez en la vida, deje de decirle a todo que sí con la cabeza, como una marioneta. No es que esté de parte de Juliana, simplemente no quiero tomar partido. Por mí, que se maten.

Recurro a mi vieja táctica de la muda pero ya el mal está hecho. Lucía ha logrado sembrar la cizaña y me deja con la cabeza vuelta un nudo. Seguro Gabriela ha estado en el Tribunal de la Inquisición Familiar y, si Lucía nombra a mamá y a Juliana, eso significa que todo el mundo ha opinado. Me imagino a las tías revoloteando como moscas, averiguando e investigando, en su odiosa actitud de "informantes de la DEA". Decido reservar mis energías para la noche, cuando estemos en la casa... Mamá me va a oír de una vez por todas. Mientras tanto, dedico el resto de la tarde a vagar por los corredores de La Unión como cuando era niña. Lo bueno de no ser de las primeras filas es que uno puede darse el lujo de desaparecer sin que nadie lo eche de menos. Ahora, que no le tengo tanto miedo a los fantasmas, me muevo a mis anchas por la casa, mientras allá lejos, en el patio, se escucha el coro de carcajadas, como todos los años a esta hora, cuando ya los tragos empiezan a hacer efecto y nadie parece acordarse de la abuela, relegada a su mecedora, cabeceando y con los ojos casi cerrados del cansancio.

Como llegamos tarde a la casa, no puedo echarle a mamá el discurso que había ensayado. Me acuesto y sigo ensayando y cada vez se me ocurre decir más cosas que hace tiempo he debido decirle. Pero al día siguiente, cuando me despierto, ya no está. Desayuno, rumiando la rabia en cada pedazo de pan. Oigo sonar el teléfono y le grito a Mariana que conteste; al fin y al cabo, para eso es menor que yo.

—Es tu amada Gabriela. Dice que te apures, que no tiene más monedas.

La miro que me la trago. ¡Así que ella también está aliada con mamá y con toda la familia!. Otra prueba más de que tengo que hablar.

—Hola, Gabriela.

—Valeria, no puedo hablar mucho. Me tengo que ir de vacaciones, ¿entiendes?

Ese "entiendes" me suena rarísimo. Siento un nudo en el estómago. Un mal presentimiento.

—¿A dónde te vas? ¿Cuándo vuelves? ¿Por qué así, de un momento a otro? —la bombardeo con preguntas, olvidando lo que ella misma me ha enseñado: Nunca debo preguntarle nada que suene extraño por teléfono, para no despertar sospechas. Al contrario: tengo que hacerme la loca y seguirle la cuerda, así el tema sea absurdo, por si la llamada está interceptada. Me doy cuenta de que acabo de embarrarla.

—Tengo que colgar. Luego te llamo.

—Espera un momento, Gabriela...

Demasiado tarde. Sólo se oye el tono que anuncia que se acabó la moneda.

Espero todo el día, sin moverme del lado del teléfono. Ni siquiera me atrevo a bañarme, por miedo a que llame, preciso cuando esté en la ducha. El discurso que tenía preparado para mamá se va al diablo. Todo deja de tener sentido si ni siquiera sé dónde está Gabriela ni qué puede haberle pasado. Analizo la voz que tenía y trato de volver sobre cada una de sus palabras, en busca de alguna pista, pero descubro, aterrada, que no sé nada concreto sobre mi mejor amiga. No tengo un teléfono, una dirección, una tía, un acudiente, un amigo común o, al menos, alguien con quien pueda comentar su misteriosa llamada. Aunque sé todo sobre sus sentimientos, aunque la conozca íntimamente, mejor que a todas las personas con las que he convivido a diario,

Gabriela es un misterio y puede desaparecer para siempre, sin dejar el más mínimo rastro. El solo pensamiento me horroriza. Si Gabriela desaparece, si no vuelvo a ver a la ÚNICA persona que me ha entendido en la vida, ¿qué me importa lo demás?

Me atormento pensando en lo que he debido hacer y nunca hice por mi maldita falta de curiosidad, por esa estúpida costumbre de no preguntar nada y de conformarme con lo que buenamente me iban diciendo. Pienso que no he debido aceptar una amistad así, sin detalles. Estoy tan confundida que hasta caigo en la tentación de pensar que mamá tenía razón al preguntarme tanto ''de dónde había salido esa muchachita''. Es injusto que ella sepa todo sobre mí, y yo ni siquiera sepa si voy a volver a verla.

—Mientras menos sepas de mi vida real, mejor para ti —me dijo una vez, cuando le pregunté dónde vivía.

—Estás hablando como en una novela de misterio —recuerdo que le dije, tratando de sonar chistosa.

—Esto es serio, Valeria —contestó con voz de regaño y me hizo sentir como una idiota.

—Yo sé. Y nunca se me ocurriría decir nada de lo que me has contado —le contesté ofendida.

—Valeria, entiende, si no te cuento ciertas cosas, es porque quiero protegerte. Nadie puede obligarte a hablar, ni presionarte, si no sabes nada. Tú no te puedes imaginar lo que es tener a alguien interrogándote. Es más, no debería pasar tanto tiempo contigo.

—Tampoco exageres... a veces se te va la mano.

—Seguro que no.

Sólo hasta ahora, cuando me devano el cerebro reconstruyendo conversaciones, palabras sueltas, indicios, imágenes y recuerdos, empiezo a entender que Gabriela no exageraba. Al contrario. Por eso insistía tanto en que no dejara a mis amigas del recreo por ella. "No te aferres tanto a mí que, cualquier día, en el momento más inesperado, puedo desaparecer", me decía, pero yo siempre creí que lo hacía por dárselas de importante. También sólo hasta ahora entiendo que nunca la afectara perder el año o no saber qué iba a estudiar, que era la pregunta del millón para todos los de mi curso. "Total, no tengo ni idea dónde voy a estar el año entrante", decía. A mí me gustaba oírla hablar así, sin tanta trascendencia, porque pensaba que era igual a mí, que no se tomaba las cosas tan a pecho y que, en el fondo, le importaban un comino. (¿Igual a mí? ¡Qué ilusa!... Había una pequeña diferencia entre mi vida de novela rosa y la vida de ella, tan real para dieciséis años.)

Los días se me han ido convirtiendo en algo peor que una pesadilla. Al menos, en las pesadillas, sucede algo. Aquí no pasa nada. Mamá no entiende por qué, de un momento a otro, empieza a interesarme tanto la situación del país. Leo el periódico de la primera a la última página, preguntándome a cuál de todos los bandos pertenece la familia de Gabriela. Los guerrilleros y los paramilitares, los narcotraficantes y los delincuentes comunes, dejan de ser simples etiquetas que nombran a los que no se parecen a nosotros, ubicados en ese bando tan discutible que se llama "la gente de bien".

(Ya no estoy segura de nada...) Todas las noches, antes de acostarme, echo un vistazo, con el control remoto, a los cincuenta y pico canales, buscando pistas de Gabriela entre todas las imágenes del mundo. Me duermo siempre con la misma pregunta. ¿En dónde estará? Si al menos supiera en qué bando ubicarme, para estar de su lado...

III. LUCÍA

De repente me daba por preguntarme quién era y qué
quería hacer cuando grande (que era ya) y no encontraba respuestas. Había estado tan ocupada en las vidas ajenas, pensándome en función de los otros y re-
presentando distintos papeles, a petición de cada uno
de mis públicos que podría haber elegido la profesión
de actriz. De ser la niña de los ojos de papá, pasaba a
ser la víctima inocente golpeada por circunstancias
adultas, luego actuaba de nieta predilecta, y al rato me
convertía en la prima dominante, detestada y detestable, para terminar, rendida por la noche, siendo la hermanita menor que tiene miedo de los fantasmas. Entre
tantos libretos, me daba cuenta ahora de que me faltaba el mío. El problema era haber estado buscándome
tanto tiempo fuera de mí misma, y echándole la culpa
a los demás de lo que me pasaba. Tal vez los hechos
me habían atropellado pero, la verdad, tampoco había
hecho mucho por manejarlos. Traté de controlar la vida
privada de mis papás, que, al fin y al cabo no me in-
cumbía y, de tanto pelear en batallas ajenas, me olvidé
de dar mis propias peleas. Por eso ahora, cuando cada
cosa iba quedando de nuevo en su puesto, estaba yo
ahí, parada en medio del camino, y sentía que era la
única, todavía fuera de lugar en este mundo.

¿Por qué se me ocurría pensar en todo esto, justo
cuando estaba delante de una lista interminable de ap-
titudes y de profesiones, calificando de uno a cinco

aquellas con las que me identificaba? ¿Por qué no me limitaba a ser obediente y a contestar el cuestionario, para poder salir al descanso, igual que mis compañeros, que lo habían contestado como una simple tarea más? Mamá decía que yo había nacido demasiado sensible y lo decía culpándose a sí misma por su embarazo traumático. Ella, que tanto había llorado la muerte de mi hermano Manuel y que sólo había querido morirse (conmigo adentro), se sentía responsable de mi "sensibilidad especial"; por eso siempre la vi como un defecto vergonzoso, casi como una enfermedad que debía ocultar. Papá decía que yo era su "merengue", para poder consentirme y protegerme más; mis hermanos me llamaban "la plañidera" y disfrutaban haciéndome llorar por todo. Nunca pensé que esta manera de sentir tan intensa pudiera ser una característica a secas, ni mucho menos, algo positivo. Por eso, cuando la sicóloga dijo que la sensibilidad era clave para aquellos que se inclinaran por alguna de las artes o por una carrera de servicio a los demás, como sociología o sicología, me quedé boquiabierta. La miré, preguntándome si ella habría sido también la "lágrima—fácil" de su casa, pero inmediatamente pensé que no quería estudiar sicología como Pilar. Por primera vez no iba ser la sombra de nadie. Estaba cansada de actuar como la hermana menor, la que heredaba los uniformes, los útiles y... hasta las historias. No quería usar los libros subrayados de sicología de mi hermana, ni los códigos de papá, (que ya pertenecían a mis hermanos hombres); tampoco quería heredar la tristeza de mamá, así me la hubiera pasado por el cordón umbilical. ¡Cómo era de difícil cortar todos esos vínculos y esos nudos ciegos, para escoger un camino! Sólo se me ocurrían los "no quiero" y pensé que, al fin y al cabo, "peor era nada"; había que empezar desde algún lado, así fuera descartando. Volví a leer las instrucciones del *test* y vi que descartar no me servía para salir del paso... El resto del curso ya había terminado y se veía feliz, al otro lado de la ventana, tomando sol en el jardín. La pobre sicóloga daba vueltas por el salón y miraba de reojo mis hojas, con esa actitud típica de "tómate tu tiempo, no quiero presionarte pero, ¿ya casi vas a acabar?". Para que ella pudiera salir a tomarse su café, decidí contestar cualquier cosa. Me califiqué de uno a cinco. Salió filosofía y letras, como primera opción. No me imaginaba qué era eso ni para qué servía. No me veía de profesora, tal vez en este mismo salón, dentro de cinco años. Últimamente me la pasaba botada en mi cama pensando, pero pensar no era una profesión. Me gustaba leer pero eso tampoco era una carrera, sino un *hobbie.* Papá iba a poner el grito en el cielo... seguro diría que estudiara algo práctico, para no morirme de hambre. Como mi hermano Carlos, que quiso ser *cheff* desde chiquito y terminó en derecho. En todo caso, entregué el *test* y salí al recreo. El sol era picante, ese sol que anuncia un aguacero con tormenta, y yo había estado a punto de perdérmelo, sólo por esa maldita costumbre de tomar todo tan en serio.

Eran tiempos de discusiones profundas o, al menos, eso creíamos, jugando a ser grandes. El último semestre de Décimo y todo Undécimo parecían "educación a distancia". Nos la pasábamos fuera del colegio, entre trámites de inscripción a las universidades, exámenes de admisión, servicio militar (por fortuna, sólo para hombres, ¡qué salvada!), horas reglamentarias de alfabetización y vigías de salud en barrios periféricos. Además de la presión de escoger una carrera, parecía que, de pronto, todos los adultos hubieran decidido darnos una sobredosis de realidad social, para que por fin conociéramos ese país que nos esperaba al salir del cascarón. La Realidad, así con mayúscula, era la palabra de moda y había dejado de ser solamente la miseria que se cuela por la ventanilla del bus escolar en cada semáforo, para volverse un "centro de interés", con intensidad horaria, objetivos específicos, indicadores de evaluación y todo ese lenguaje que se inventan los maestros en sus "proyectos pedagógicos". Muchos tomaron esa cruda realidad como una realidad virtual y paralela, que les permitía evadir esa otra, mucho más aterradora, de estar encerrados en un salón resolviendo ecuaciones de tercer grado. Otros, especialmente otras, porque esa era una posición MUY femenina, se tomaron la realidad como una oportunidad perfecta para hacer "obras de caridad con los más necesitados". (Las palabras eran textuales, tal vez tomadas de las obras de beneficencia a los que asistían sus mamás...) En cuanto a mí, empecé a pertenecer a un tercer grupo, muy escaso, que, no sólo había abierto los ojos sino que también tenía *Las venas abiertas de América Latina* sobre la mesa de noche y que se tomaba las cosas a lo trágico. (De nuevo, debía ser culpa de mi sensibilidad especial.) Por esos días, pensé que no quería seguir viviendo esa vida *light* de niña bien. Me decidí por la universidad pública, a pesar de las huelgas y del espanto de mis papás, que según ellos, lo habían sacrificado todo para darme la mejor educación. Yo no pensaba que hubieran sacrificado nada, al menos esa era una ventaja: nunca pensé que tuviera que estar agradecida. Si habían hecho su vida como les había dado la gana, yo también tenía derecho a hacer la mía. Sólo esa frase dije, sin caer en ninguna discusión. (Directo al punto del dolor, dijo mi hermana.) Papá sólo me pidió que me presentara en varias universidades. "¿Qué tal que no pases en la Nacional?", dijo, tratando de sonar respetuoso y tolerante. Acepté, sabiendo que así era siempre él, en su juego de la manipulación. Lucía, la luz de sus ojos, iba a pasar en todas las universidades y después él la convencería de cuál era la mejor. Sólo que yo ya no quería ser la luz de sus ojos. Pensé si estaba haciendo todas esas cosas por simple rebeldía, como una venganza, pero me parecía que también tenía claros mis argumentos personales.

Después del curso de Orientación Profesional vinieron "las últimas vacaciones escolares de nuestra historia". (Así las bautizó Fernando, mi compañero de alfabetización, que fue también el que me convenció de que la Nacional era la mejor opción para una "futura filósofa".) En realidad, esas vacaciones fueron históricas para mí, no por ser las últimas del colegio, sino por el viaje a Cartagena con mamá. Cuando ella me dijo que ese era un plan especial sólo para las dos, un regalo de "pre-grado" que quería hacerme, acepté, casi por cortesía. La verdad, no me mataba la idea. Pasé varias noches imaginando qué podía traerse entre manos, qué querían los adultos esta vez de mí, y a qué oscuros planes obedecía semejante regalo. Estaba tan acostumbrada a no esperar nada gratuito de ella, a que me manejara siempre con tanta sicología y con tantas culpas, que pensé "aquí hay gato encerrado", pero no me quedó más remedio que hacerme la ingenua. En el fondo, mamá tenía derecho a no querer nada distinto de descansar y ver el mar, como ella misma lo dijo... ¿O qué diablos quería?

Al comienzo me pareció casi más difícil que escoger una carrera. Pensar en mí y en ella solas, una semana, sin hermanos revoloteando, sin la tensión de las salidas del domingo con Connie y con papá, sin teléfono y sin ni siquiera tener que pensar en qué hacemos de comida, porque todo estaba incluido en el plan, reducía a cero nuestros temas de conversación. Mamá y yo, como dos perfectas desconocidas, sin nada en común, fuera de la misma expresión en los ojos, sentadas en una sala de espera del aeropuerto, con el vuelo retrasado, cada una ocultando la cara detrás de una revista y haciendo que leía. Así empezó el viaje y así habría podido seguir, de no ser porque apareció Ignacio González, un señor alto, con el pelo plateado que sólo dijo: "Hola, Carmen, qué milagro de verte". De ahí para adelante todo pareció un milagro, si milagro significa algo asombroso y sobrenatural. Mamá se levantó de la silla y le dio un abrazo conmovedor (no encuentro otra palabra). Como una intrusa observé su cara, primero de gran asombro y después de felicidad MUY reprimida delante de mí, pero felicidad, al fin y al cabo. Siempre, desde el comienzo hasta el final, me fijé en sus manos, que apretaban la revista vuelta un tubo y que no dejaron nunca de temblar. No puedo decir cuánto duró el encuentro, en todo caso, no debió ser de más de quince minutos, porque Ignacio González iba para Quito. Mamá dijo: "Te presento a mi hija, Lucía" y supongo que el señor dijo: "Mucho gusto, Lucía" o algo así. También recuerdo que preguntó cuántos son los tuyos y mamá dijo cinco pero luego hizo su típica cara de tristeza; corrigió que éramos cuatro y agregó que yo era la menor. Entonces ella contrapreguntó lo mismo y el señor dijo que eran dos hombres y que precisamente iba para Quito a visitar al mayor, que era casado.

—¿Y qué hay de Guillermo? ¿No vino con ustedes?

—No —contestó mamá. Yo hacía fuerza para que dijera algo más y, como la telepatía existe, al fin ella se atrevió:

—Guillermo y yo nos separamos. Él se volvió a casar.

—¡Qué bruto! No sabe la mujer que perdió.

Mamá se puso morada. Yo, exagerando una cara de típica adolescente, miré para el infinito como diciendo, "fresco, diga lo que quiera, que los adultos me tienen sin cuidado y además no tengo a quién irle con el chisme. Ella está lo suficientemente...grande". El señor se quedó mirándome y le preguntó a mamá cuántos años tenía yo. Ella le contestó que diecisiete y él sólo dijo "la edad que tenías tú (...) se parecen mucho, sobre todo en la mirada". En eso, anunciaron nuestro vuelo. Como casi me ahoga del abrazo, me imaginé qué habría sentido mamá con el abrazo de ella, a leguas se notaba que era MUY intenso. Se despidió y me dijo algo así como que me conocía desde siempre. A mamá le entregó una tarjeta, de esas típicas que cargan los ejecutivos en la billetera, y le dijo que hablaban la próxima semana.

—Si no me llamas, yo te busco. (También estoy separado), eso va entre paréntesis porque lo dijo en un susurro y nunca supe si había oído bien.

Mamá no volvió a ser la misma después de esos quince minutos (y yo tampoco).

—Ignacio fue mi primer novio... Yo tenía tu edad... No te imaginas lo divino que era. Ahora está quedándose calvo.

—A mí me pareció un churro, ma. Y se nota que todavía te fascina. ¿Por qué no te casaste con él?

—Ay, Lucía... ¿sabes que no tengo ni idea? A veces, todavía me lo pregunto...

Me hice la cómplice para que me contara más, en el avión hacia Cartagena. Ella necesitaba hablar y yo era la única persona en el mundo que estaba ahí, sentada a su lado, toda oídos. Sentía una especie de curiosidad mezclada con celos, pero no celos de ahora sino de mucho antes. Si ella se hubiera casado con Ignacio González, ¿quién sería yo? o, mejor dicho, yo no habría sido. Pensé que la vida de cada persona dependía de cosas tan absurdas como de una pelea, o del viaje de Ignacio a estudiar a otro lado, o de que papá hubiera aparecido una noche en una fiesta y hubiera invitado a bailar a mamá. Era muy extraño que estuviéramos las dos hablando así de ese hombre, preciso ella y yo, que nunca habíamos hablado de nada diferente a los temas convencionales entre madres e hijas convencionales, siempre lo esperado, lo previsible. Ojalá, nada personal. Ella, que siempre había jugado el papel de mamá triste y sacrificada, de pronto resultaba con una vida antigua y propia, en la que no estábamos incluidos nosotros; ni siquiera papá. Tuve una sensación de culpa horrible dentro de las entrañas, quizás esa misma culpa que tantas veces ella había sentido conmigo. De pronto habría sido feliz con Ignacio González. Nunca pensé que el precio de existir fuera tan alto y que a veces se llevara por delante la felicidad de las personas.

Mamá y yo nos pasamos una semana mirando el mar y ni siquiera tuvimos tiempo de leer las revistas que habíamos comprado en el aeropuerto para taparnos la cara. Mucho tiempo estuvimos en silencio, pero fue un silencio compartido, uno de esos silencios íntimos que no necesitan llenarse con palabras. Sólo caminar, una al lado de la otra, de igual a igual, en un reencuentro que las dos necesitábamos desde hacía muchos años, quizás desde toda la vida. Cuando veo que le está entrando la histeria, pienso en su cara de esa semana, con los ojos perdidos, mirando quién sabe qué mar y me reconcilio con ella.

OCHO

TRES BOCAS TORCIDAS

*Hoy la casa de mi infancia
ya no existe ni hace falta
yo la llevo muy adentro en mis entrañas
toda llena de colores y de desapariciones
muy tempranas, muy profundas, muy extrañas.*

Fito Páez

I. JULIANA

"Virgencita primípara: El próximo semestre no serás ni lo uno ni lo otro".

La frase de bienvenida ocupaba todo el tablero el día del examen de admisión, preciso en la más tradicional y prestigiosa de las universidades, ¿quién habría sido el chistoso?. Si Daniel estuviera en Bogotá, sería uno de los sindicados pero, como estaba a kilómetros de aquí, pensé que debía haber sido algún crápula de su estilo; afortunadamente quedaban otros como él en este mundo tan serio y tan solemne, que aseguraba que escoger una carrera era *una decisión crucial para toda la vida*.

Me aguanté la risa, como los otros noventa y nueve perfectos desconocidos que estábamos ahí, con un lápiz Mirado número dos, esperando a que se definiera nuestra suerte futura en ese acto estúpido de saberlo todo sobre los senos y los cosenos, las fórmulas matemáticas y los razonamientos abstractos y verbales. *Simón Bolívar nació en Caracas en un potrero lleno de vacas*, todas las preguntas sonaban tan bobas como ese versito que decíamos en Primaria y que nos parecía el gran chiste, sólo que ahora se suponía que estábamos en un asunto *muy* serio. Nos hicieron perder un fin de semana completo para averiguar si habíamos aprendido la lección de catorce años de colegio; nos reventaron con 500 acertijos, seguro inventados por un grupo de profesores morbosos y sin oficio, que no debían ni sospechar que tanta sabiduría era inútil en esta vida real... Pero así se daban el lujo de escogernos y de decir: Usted, virgencita primípara, sí, la del suéter rojo de la primera fila, usted sí se sabe la lección y puede entrar a nuestra universidad a seguir aprendiendo inutilidades; en cambio, usted, el de los *jeans* rotos y el arete, no sabe dónde está parado porque no se acuerda de la cotangente de X ni de la teoría de la relatividad, o sea que largo de aquí... Ojalá me hubiera ido bien en historia, lenguaje y otras cosas de humanidades porque estaba segura de que en matemáticas me había ido como a los perros. Tuve que apostar a cara y sello en casi todas las preguntas de cálculo, como si me estuviera jugando una partida seria, pero, en el fondo, me tenía sin cuidado.

La verdad, nunca sentí que en ese lugar se estuviera definiendo mi destino. Mi destino ya se había definido cuando le dije adiós a Daniel en el aeropuerto y la farsa de jugar a las grandes decisiones sólo me servía para no derrumbarme por fuera. La única decisión clara fue la de presentarme a una carrera que no tuviera matemáticas ni sangre, ni experimentos con ratas o sapos, porque era capaz de desmayarme. No me interesaba ser la científica de la familia; para eso estaba Valeria, que soñaba con ser la versión femenina de Bill Gates en el tercer mundo. O sea que me quedaban pocas posibilidades: Derecho, como mi papá, comunicación social, como la bella Paula, para volverme presentadora de noticias que era su gran sueño (el de ella, no el mío); pedagogía, para morirse de hambre; filosofía y letras, que era lo que quería Lucía y que ni se diga el hambre tan tenaz ... Arte también me hubiera gustado pero era pésima para dibujar, o sea que no hubo caso, aunque Daniel insistía en que el arte moderno no era de dibujar sino de pura creatividad. "Montas un video con una imagen repitiéndose, le pones una música y un título bien minimalista y dices que es una instalación". Él, que siempre se inclinaba por la ley del menor esfuerzo, decía que, cuando le dieran el "afiche" de bachiller, (si algún día se lo daban) iba a ser artista. Pero artista autodidacta, para no volver a pisar nunca "un antro educativo".

Todos mis pensamientos, así no tuvieran nada qué ver, terminaban en Daniel que casi nunca me escribía, con la disculpa de que era pésimo para escribir. A veces me parecía que no pensaba tanto en mí como yo en él y, aunque dijera que contaba los días para verme, no le podía creer del todo. Era la misma sensación de siempre: me quiere... mucho... poquito... nada... Según el día y la hora, a veces me daba por creer que sí, que me amaba, y decidía apostársela toda al viaje. Pero luego, pasaban días y semanas sin un mensaje suyo en el computador y me enloquecía. *God I miss Daniel oh I miss him so much.* Me daban ganas de pedirle a Paula que me presentara un amigo, para ver si funcionaba su famosa teoría según la cual "un clavo saca otro clavo". Claro que luego lo pensaba mejor y decía que ni muerta, lo único que no quería era tener otro novio...Si no era Daniel, prefería quedarme solterona.

Por todos los medios, intenté descifrar mi futuro, pero cada vez lo veía más espeso que una taza de chocolate. A pesar de que me leyeron las cartas y la mano, a pesar de devorar todos los libros de autoayuda y de saberme de memoria páginas completas de *Las mujeres que aman demasiado*, no sabía qué hacer con mi vida: O cumplía lo que se esperaba de mí y me metía a la universidad a estudiar lo que fuera, como la gente normal, o me largaba y mandaba los planes ajenos al infierno. Unos días me daba por imaginar la cara de papá, cuando le dijera que me iba, y entonces resolvía quedarme; otros días aparecía un *mail* de Daniel y me daba cuenta de que, sin él, nada tenía sentido.

Hasta que una tarde común y corriente aparecieron las dos opciones claritas. "Observa bien las líneas. Fíjate que, a pesar de salir del mismo punto, avanzan en direcciones opuestas", recordé las palabras de la mujer esa, sosteniendo mi mano y mirándola absorta, como si fuera el libro más misterioso. Me mostraba tres líneas y yo escasamente las veía, sin saber si lo que estaba viviendo era una farsa o algo muy serio. ¿Por qué me había dado por acordarme de la pitonisa, preciso esa tarde? Sonó el teléfono y era Paula.

–Tengo taquicardia, Juli. Ya colgaron la lista de los admitidos en la universidad. En quince minutos te recojo, que Juan Esteban nos va a llevar. Alístate. Chao.

–Oye, *take it easy* –alcancé a decirle, antes de que me tirara el teléfono. Me sacaba de quicio que todavía me mandara como a los trece años, sin saber si yo estaba disponible o no... Y para colmo, con Juan Esteban, ¡qué maravilla de plan!

–¿Qué? ¿Es que acaso no te importa?

–Pues sí, pero ¿por qué no esperamos a mañana? Parece que va a diluviar...mira esos cerros.

–¿Te imaginas esta tensión hasta mañana? ¡Me muero de la angustia! Además Juan Esteban tiene clase de microbiología a las cinco y mi papá le prestó el carro.

–Está bien. Pasa por mí –le contesté. Con la bella Paula, no había caso de discutir.

Nos fuimos volando por la Circunvalar porque Paula insistía en su taquicardia y porque Juan Esteban tenía el tiempo justo para llegar a su clase de médico, como si tuviera que operar de urgencia, disfrazado con su bata blanca y su fonendoscopio de Primer Semestre. Debía sentirse el protagonista de Hombres de Blanco y seguro se creía más macho si hacía chirriar las llantas del carro y frenaba en seco. (Sólo le faltaba una sirena de ambulancia.) Pensé que todavía quería vengarse de mí por haberlo zafado y que por eso me llevaba como a un bulto de papas, en "el carro de papi".

–Juan Esteban, ¿puedes ir más despacio, o es que quieres que nos matemos antes de saber los resultados?

Sólo me miró por el retrovisor con cara de que ya yo estaba muerta y bajó la velocidad, de 100 a 98, tan cretino... Lo miré todo el viaje por el espejo lateral y se me ocurrió pensar qué le había visto yo a ese tipo... Se necesitaba haber sido una completa estúpida, claro que a los trece años, uno es tan infantil... Llegué a la conclusión de que nunca había estado enamorada de él, sino más bien de la idea de tener un noviecito. En el fondo, había sido un romance pasajero. Pasajero de casi dos años, pensé, burlándome de mí misma. Afortunadamente habíamos llegado y pudimos bajarnos corriendo del carro, con la disculpa de los resultados.

–Gracias, Juan Esteban –le dije, con mi mejor sonrisa.

–De nada y perdona la incomodidad ¿no? –me contestó irónico. Sentí que todavía me odiaba. (Pobre, del amor al odio...)

Paula parecía demente. Nunca la había visto tan acelerada. Con sus botas de plataforma y sus *jeans* super apretados, caminaba a mil por hora y yo la seguía, como su perro faldero, por esos corredores interminables, llenos de salones y de estudiantes que salían y entraban, con sus libros debajo del brazo, con su ropa de moda, supuestamente casual, pero escogida hasta el mínimo detalle, con sus Marlboro y sus implementos de trabajo que los ubicaban de algún lado de la gente importante y les daban la seguridad de llegar a ser alguien en la vida. Reglas gigantes para futuros arquitectos, códigos para abogados, trapos colgados para las de textiles, faldas alternativas para las filósofas, batas paramédicas para los de la salud, etcétera, etcétera. Todos jugando a ser el futuro del país: la clase dirigente del nuevo milenio. Disfrazados de sus papás, como mandaba la tradición.

Llegamos jadeando al cerro donde quedaba Comunicación Social. Había montones de virgencitas primíparas en el mismo plan (¿sí serán vírgenes?, pensé...) Como dato curioso, sólo pude contar cinco hombres. Traté de pensar en una frase de bienvenida para los tipos: ¿virgencito primíparo? La virginidad para ellos era un asunto muy secundario. Como no había forma de saber cuándo sí y cuándo no... Se debían morir de pánico, igual que nosotras, y todos decían que sí, que uff, que mil veces, pero quién sabe... seguro muchos no habían hecho nada, claro que no lo iban a decir, así los torturaran... Pensé también en la idiotez de estudiar comunicación social (¿por qué me había dejado convencer de Paula?). A ella me la aguantaba, al fin y al cabo, había sido mi mejor amiga, pero ¿a las otras Barbies que revoloteaban por ahí?...)

—Ay, Juli, no me encuentro —decía Paula, con un hilo de voz.

Unas Barbies gritaron y se abrazaron porque acababan de encontrarse entre las admitidas... Todavía no han entrado y ya dan los griticos de esas reinas que se vuelven presentadoras de noticias, pensé, y al pensarlo, sentí náuseas... De pronto, era una ventaja no salir en semejante lista... Como esas dos amigas, que revisaban los códigos por enésima vez, pensando que la esperanza es lo último que se pierde y ya estaban a punto de llorar, aceptando que no habían pasado.

—0084000.01 ¡esa soy yo, Juli, aquí estoy, no lo puedo creer! —me sacudía Paula, gritando con voz de *miss* Colombia. (La miré y volví a pensar que estaba perfecta para comunicación. En cambio yo...)

—Qué dicha —le contesté, totalmente inexpresiva—. Entonces, vámonos.

—¿Cómo así? ... ¿Y tú? —hizo un silencio de "sentido pésame")—. No me digas que no pasaste.

—No.

—¿Estás segura? ¿Ya revisaste bien? Dime el número.

—Estoy segura. Vámonos.

–Déjame ver tu código –me dijo y tuvo que abrirme el puño apretado, como de bebé, para arrancarme el papel donde decía qué número era yo. No me importaba si había pasado. Lo único claro era que no iba a estudiar comunicación social.

–Mira, aquí estás en la lista –dijo Paula–. Debe ser de los nervios que no te encontrabas... ¡Por poco me haces dar un infarto! Juli, no lo puedo creer –dijo, mientras me ahogaba de un abrazo–. ¡Otros cinco años juntas! Ahora nadie va a separarnos.

–Paula ¿te puedo pedir el favor más grande de toda mi vida?

–Claro, ¿qué quieres?

–No le digas a nadie que pasé. No vayas a abrir la boca. ¡Te lo suplico!

–Juli, ¡cómo se te ocurre!... no le hagas eso a tus papás, ¿estás loca? –sin darse cuenta, otra vez tenía en la voz ese dejo insoportable de presentadora).

–Tú eres perfecta para comunicación –le dije–. Pero ahora yo estoy segura de que no quiero eso.

–¿Cómo así? Mira a esas pobres que están ahí llorando. ¿Has pensado en lo que darían por ser tú, en estos momentos? Juliana: no seas injusta. No nos hagas ESTO.

–Tú me conoces, Paula. Estoy hablando en serio.

El camino de regreso fue silencioso y larguísimo, casi como un viaje a la luna. El silencio de Paula era rabia reprimida, (si le daba por hablar, me mataba). Mi silencio, en cambio, era un vacío, antes del salto definitivo. Desde el taxi miré los cerros brumosos, con

Monserrate allá arriba, asomado entre unas nubes negras, y supe que tenía que irme, al menos por un tiempo. Cortar con esa realidad que me aplastaba demasiado pronto y para la que aún no me sentía preparada. Tratar de encontrarme en algún lugar, tal vez cerca de Daniel o tal vez lejos de él, pero intentarlo, al menos, para no quedarme toda la vida con esta duda rondando en mi cabeza. Antes de bajarme, le di a Paula un billete de diez mil, para pagar el taxi. Una indemnización y un beso.

–De pronto un día me vas a entender. Deséame suerte porque no va a ser fácil. Después te llamo.

Mamá había cancelado el costurero de los jueves y me esperaba ansiosamente para saber mis resultados. No fui capaz de decirle mentiras y, por primera vez en mucho tiempo, le solté toda la verdad, así, de una, sin dudar un instante. Trató de convencerme por todos los medios: me ofreció esta vida y la otra, me habló de lo difícil que estaba todo, me echó en cara los sacrificios de ella y de papá y quiso ablandarme el corazón con todos los argumentos sentimentales y familiares, incluyendo la salud de mi abuela, que no iba a aguantar semejante noticia.

–No nos hagas esto, Juliana.

Juliana, qué mala eres, qué mala eres Juliana, canté en mi interior, para no desfallecer. Tenía que ser fuerte.

Cuando papá llegó, mamá ya estaba hecha a la idea. No me lo dijo esa noche, pero yo sentí que respetaba mi decisión. Tal vez, en esa fuerza mía, encontraba rastros de su fuerza de otras épocas. Tal vez ella nunca se había atrevido a intentarlo. ¿O sí?... Me di cuenta de lo poco que sabía yo de su vida, de los caminos que había tenido delante, de las decisiones que había tomado (o dejado de tomar) antes de ser mi mamá, justamente para llegar a ser sólo eso: mi mamá. "Tú y tus hermanos son la vida mía", había dicho tantas veces. Yo no quería llegar a decir esa frase, nunca, a nadie. Yo quería tener una vida propia.

–¡Si te vas detrás de ese tipo, te olvidas para siempre de mí! –vociferaba papá, ese ex *hippie* que había crecido con Dylan y los Rolling Stones y que ahora parecía salido de alguna caverna prehistórica.

Me le enfrenté con la misma mirada, con la rabia y con los argumentos, heredados de él.

–Ni sueñes con que te firmo el permiso de salida... Y que te quede claro: todavía no eres mayor de edad.

El juego del poder. La ley del más fuerte, pensé.

–Ahora no soy mayor de edad. Y, en un mes, cuando cumpla dieciocho, ¿qué vas a decirme? ¿Cuál va a ser tu próxima amenaza? ... ¿La plata? ¿O la correa? A ver: pégame, si te crees tan fuerte y tan macho –me le enfrenté.

–Juliana, respeta a tu papá –se atrevió a decir mi mamá.

–Entonces, díselo también a él. Que me respete.

Esa noche, nadie probó la comida. Nadie habló, ni siquiera mis hermanos que me miraban como la mala de la película. Algún día, a ellos les tocaría escoger su camino y, de pronto, con lo de hoy, iba a resultarles más fácil. Además, eran hombres.. Todavía y, a pesar de todo,

171

las cosas eran distintas según el sexo. Pedí permiso para levantarme de la mesa y me encerré en el estudio de papá. Prendí el computador y, en el ciberespacio, flotaba un mensaje de Daniel.

Te conseguí una familia. Necesitan baby sitter, *a cambio de casa y comida. A veinte kilómetros de mi pueblo. No es gran cosa, pero dan gastos de bolsillo y puedes ir a la escuela por la mañana. ¿Todavía estás decidida? Te espero. Daniel.*

Sólo escribí sí y toqué la casilla de responder al autor. Cien veces sí. Mi mano tembló, con un temblor que no había sentido nunca. Me fui al cuarto y mi *disc man* me arrulló con *Stairway to heaven*, el botón de *repeat* puesto mil veces, hasta el infinito. Creo que ya estaba soñando con Daniel, los dos juntos, mirando la sabana, cuando mi mamá abrió la puerta y entró, sigilosa, como siempre. Me arropó, con su gesto rutinario de mamá, me quitó los audífonos, y me pareció que me daba un beso en la frente. Tuve la tentación de decirle "no te vayas", como tantas otras veces, de retenerla al lado de mi cama, a ver si con la mano de ella apretándome fuerte, se me quitaba el miedo... Pero éste era un miedo distinto, un miedo sólo mío. Por eso, me hice la dormida. Ella se quedó mirándome un rato, luego apagó la luz y salió del cuarto.

II. VALERIA

Desde la llamada de Gabriela, el tiempo se quedó estancado. Fueron dos meses eternos de vacaciones, con sus días y sus noches, esperando alguna noticia y pasando por todos los estados de ánimo posibles: De la tristeza a la rabia, de la desesperación a la esperanza, del amor al odio, pero siempre sin rastros de ella. Y, para completar, con la cantaleta de mamá, insistiendo en que pasara una semana en la finca.

—Lucía está allá —dijo, como si fuera el mayor atractivo turístico—. Se asolean y nadan, a ver si se te quita ese color sepia. ¿Hace cuánto no te da un rayo de luz?

Al final, acepté, por ahorrarme la discusión. Como cosa rara, Juliana también estaba. De pronto me vi sentada a la orilla de la piscina, con los pies entre el agua y con mis primas diciendo: "Uff, está heladísima. ¿Quién se atreve a meterse de primera?". Las mismas frases de los nueve años que salían de algún rincón de la memoria. El mismo juego de ver quién se lanza primero. Más allá de esas palabras recitadas, no había mucho de qué hablar. Me fijé en las caras aparentemente inexpresivas de mis primas y pensé que eran un enigma para mí, así como yo debía serlo para ellas. Teníamos poco en común. Si acaso, la misma boca... ¡tres bocas, grandes y torcidas, cada una por su lado!

Los papeles, en cambio, eran los que siempre tuvimos asignados, en eso no había qué improvisar. La tensión entre Juliana y Lucía flotaba en el ambiente y yo, metida entre el sándwich, pero a kilómetros de distancia, no podía servirles de distracción. Tal vez por eso no les quedó más remedio que estallar y sacarse los trapos al sol. Se insultaron, ante la mirada atónita de la abuela que, por primera vez, no pudo tomar partido.

—Haz algo Valeria. Están a punto de sacarse los ojos.

Por mí, que se maten. (Lo pensé pero no dije nada. Sólo la eterna mirada de vaca.)

—Y pensar que ustedes siempre fueron tan unidas.

No es cierto, abuela. Esa telenovela se la inventaron ustedes, para su comodidad. Nunca fuimos tan unidas. (Por supuesto, no dije ni mú.)

Juliana y Lucía sí se dijeron todo lo que tenían guardado, hasta de qué se iban a morir... Sacaron a relucir el diario, se refregaron los chismes y las rivalidades, gritaron y lloraron como locas histéricas. Después vino un silencio de dos días. Fue la última vez que dormimos juntas en La Unión. (Yo, como siempre, en la cama de la mitad.)

—Valeria, dile a Lucía que me pase el azúcar.

—Valeria, dile a Juliana que la mermelada.

Por una extraña razón, ese domingo, cuando se acabaron las vacaciones, Juliana y Lucía se perdonaron con un abrazo. La abuela estaba feliz de verlas. ¡Tan unidas, como siempre!

El primer día de clases esperé ver llegar a Gabriela y fui a buscarla a todos los salones de Décimo. Obviamente, no estaba. No había ningún pupitre vacío, como para decir "es que todavía no ha llegado de las vacaciones, pero no debe demorar: ahí está su puesto esperándola". Pregunté en secretaría y me dijeron que se había retirado del colegio. Undécimo arrancó, lento y sin amigas, como siempre; es decir, como antes de Gabriela. Fue un año movido, con todos los afanes y las grandes decisiones del momento.

La verdad, me habría gustado estudiar matemáticas puras, pero mamá dijo que eso era para morirse de hambre, sobre todo en estos momentos.

—Si tanto te gustan las matemáticas, estudia alguna de las ingenierías, como tu hermano mayor. Tienen matemáticas pero hay más campo de trabajo.

Me inscribí en sistemas, supongo que para no discutir. Mi puntaje en el examen fue el mejor del colegio. Tenía las puertas abiertas para cualquier universidad aunque, la verdad, no me importaba demasiado.

Un día, después de mucho tiempo, cuando ya no esperaba noticias, encontré una carta en el buzón, con la inconfundible letra de Gabriela. No tenía remitente, ni sello, como si la hubiera traído una paloma mensajera.

Querida Valeria:

La vida no es como las películas. Al final, van quedándose muchos cabos sueltos. No quiero que pienses que me largué de un momento a otro, sin despedirme, porque quise. Un día nos vamos a sentar tú y yo, en algún lugar de este planeta, y te voy a contar lo importante que fuiste para mí. Yo no lo supe hasta que tuve que llamarte

175

*para despedirme. ¿Sabes por qué colgué? No fue por
motivos de seguridad; en ese momento, la seguridad me
importaba un bledo. Fue porque no me salieron más
palabras. Sólo podía llorar y te consta que nunca lloro.
Has sido (y sigues siendo) mi mejor amiga y esa experiencia me marcó porque nunca había tenido amigas.
Desde pequeña, cada vez que encontraba una, me tocaba salir corriendo y dejarla, así como dejaba mi oso de
peluche, mi ropa preferida y hasta mi cepillo de dientes.
Por eso aprendí a no aferrarme a nada. Mientras menos
me aferrara, menos dolor iba a sentir a la hora de las
despedidas. (Odio las despedidas.) Contigo fue diferente. No sabes lo especial que eres. Los idiotas del curso se
han perdido de conocer a una persona extraordinaria
...¿será porque te tienen en las narices? Espero que ya
sepas qué vas a estudiar y que no te aburras mucho en
los recreos. Por ahora no te puedo dejar ninguna dirección pues no tengo un sitio fijo para vivir. Mamá dice que,
dentro de poco, todo va a aclararse y podremos vivir
como la gente normal, sin estar como gitanos.*

*No puedo decirte que te quiero. (Eso sería poco.)
Te amo. (Aunque suene escandaloso.) Gabriela.*

*P.D . Seguro te preguntas todos los días qué cla-
se de monstruo es mi papá. Siempre me han dicho que
es un "perseguido político". Yo no entiendo muy bien,
pero estoy segura de que es una excelente persona.
Me gustaría presentártelo alguna vez. Perdona la ortografía. Nunca supe al fin si iba era con la de ir o la de
venir.*

Tantas veces leí la carta de Gabriela, que me la aprendí de memoria. Todos los días me repetí ese "te amo" y nunca me sonó escandaloso; simplemente porque era verdadero. Tal vez es el sentimiento más verdadero que he compartido hasta el momento con alguien. Por eso, cuando me contaron que Juliana se iba detrás de Daniel Botero, la entendí desde el fondo del alma y decidí llamarla.

—Hola, Juliana. Habla Valeria.

—Hola, Valeria. ¡Qué milagro!

—Sí, qué milagro... —sentí que, como siempre, no tenía palabras propias. Y ni siquiera había comenzado.

—Te llamo para ver si podemos encontrarnos en algún sitio. Me gustaría hablar contigo.

—Ah... ¿o sea que ya te fueron con el chisme? —sonaba prevenida.

—Sí y me alegré mucho —le contesté como a la media hora.

—¿De verdad? —cambió de tono—. Pues creo que eres la única de toda la familia. ¡Si vieras el drama que me han armado!

—¿Cuándo nos vemos? ¿Puedes ahora?

Nos citamos en el Parque de las Flores, donde tantas veces habíamos jugado las tres. Como llegué primero, me senté a esperar a Juliana, bajo la sombra del mismo árbol. Todo olía igual y, de repente, fue como si el tiempo se hubiera devuelto. Se me vinieron a la memoria las historias que Juliana inventaba para mí, la única boba que creía ciegamente en ella. Había logrado tenerme engañada unas vacaciones completas con la historia de un tesoro escondido. Ella me daba pistas y me decía "¿por qué no buscas debajo de tal árbol?" Yo iba corriendo a donde me mandaba y, preciso, encontraba algo: una ollita, un collar de fantasía, un anillo de lata, un canasto. Todos los tesoros se me hacían conocidos, pensaba que los había visto antes en la casa de Juliana, pero ella debía leerme el pensamiento porque decía, de inmediato: "¡Qué casualidad! Yo tengo un collar idéntico a ese en mi casa". Entonces yo repetía ¡sí, qué casualidad! y seguía buscando. Se necesita haber sido un idiota para creer en semejante engaño, pensé. Pero era uno de los mejores recuerdos de mi infancia: la emoción de ir encontrando, poco a poco, cada tesoro. Mientras la esperaba tuve la tentación de seguir buscando. ¿Qué tal que alguna cosa se hubiera quedado por ahí enterrada?

Vi a Juliana bajarse del bus y caminar hacia nuestro refugio del árbol. Estaba de tenis y *jeans,* sin plataformas ni maquillajes. Pensé en la voz colectiva de las tías. La verdad era que sí había cambiado desde que salía con Daniel. "¡Cómo está de descuidada... Con lo que le preocupaba antes arreglarse!", opinaban ellas. A mí me parecía todo lo contrario. Se veía mejor ahora, sin tanto disfraz. La misma Juli, de la época de los tesoros.

—¡Qué pena la demora! ¿Llevas mucho tiempo esperándome?

—Pues un poco —le dije—. Pero no te preocupes. Me distraje buscando tesoros.

Juliana pareció no entender. Para ella no debía haber sido tan importante esa historia. De pronto, cayó en la cuenta y se puso como un tomate. Debía tener una mezcla de pena y risa al acordarse.

—¡Tan bobas que éramos! Tú por creer y yo por inventar semejantes idioteces.

—En todo caso, yo me divertía mucho —le dije, por si pensaba que estaba cobrándole el engaño—. Te juro que hoy tuve la tentación de meterme de cabeza entre la fuente pero en esas te vi llegar. ¿Cuándo te vas?

—El lunes, dos días después del grado.

—¡Alcanzas a estar en el almuerzo de la abuela!

—Me toca. Aunque va a ser espantoso, con todas las tías haciendo cara de cuchara. Papá no me habla desde que le conté del viaje y, aunque mi mamá me apoya, llora, cada vez que me mira. Además, ya había pasado en comunicación social. ¡Me salvé! Yo no estaba segura. Sólo me presenté por si el viaje no salía y, bueno, por ir con la corriente.

—¿Y de irte sí estás segura? —le pregunté. Fue una pregunta estúpida y adulta. Seguro se la habían hecho cien veces en estos días...

—Pues segura ciento por ciento no. Pero hay que arriesgarse. Además es sólo un año de intercambio. Voy a vivir en una casa de familia, a media hora del pueblo de Daniel. Tengo que cuidar un niño y, a cambio, me dan cuarto y comida. No es que me vaya a casar, ni que él vaya a mantenerme.

—Yo había oído otra versión.

—Sí... me imagino... La de las tías, que debe ser "pornográfica".

Me quedé callada, mirando la fuente y acordándome de los tesoros.

—Daniel es inestable, yo lo sé mejor que nadie —dijo Juliana, pensando en voz alta—. Pero quiero estar con él... por ahora. Después, no tengo ni idea. Prefiero alejarme un tiempo de todo esto, a ver qué hago con mi vida. Y tú, ¿al fin vas a estudiar sistemas?

—Ajá.

—A veces te envidio. Tu vida es como más fácil.

—No creas. Si te contara...

—A propósito, ¿has sabido de Gabriela?

A propósito de vida complicada, ella se había acordado de Gabriela. ¿Por qué?... Pensé en mostrarle la carta. (La había echado entre un bolsillo de los *jeans,* por si me atrevía, pero pudo más mi parte muda.) Moví la cabeza diciendo NO. Ella debió entender mi silencio porque cambió de tema:

—¿Sí sabes que fui a que me leyeran la mano?

—¿Y qué te dijeron?

—Muchas cosas ciertas. Pero lo más impresionante fue que salieron tú y Lucía. Ella habló de tres líneas; tres mujeres muy distintas, que habían salido del mismo punto, pero iban en direcciones diferentes. Me dijo que yo era parte de una trenza. Al comienzo, no capté, pero luego me pareció obvio. (Se rió sola.) Supuestamente, yo me voy a casar, pero dentro de varios años y no con Daniel. Voy a tener dos hijos: primero una niña y después un niño. Lucía supuestamente va a casarse con un político o algo así, mayor que ella. Van a tener dos niños.

—¿Y yo? —le pregunté, por seguirle la cuerda. Nunca había creído en esas cosas.

—Tú no te vas a casar. Pero sale alguien muy importante en tu vida. No me quiso dar detalles.

Siempre he sido la prima rara, pensé. Y, claro, no dije nada, para no perder la costumbre.

Juliana volvió a leerme el pensamiento, como en la época de los tesoros.

—Nunca te lo he dicho, Valeria, pero, en el fondo, te admiro. Siempre has sido muy clara con lo que quieres ... y también con lo que no quieres. Sin jugar a darle gusto a los demás...

—En cambio, yo en una época te envidiaba y quería ser como tú. Mira como es la vida —le contesté.

—Sí...¡Cómo son de distintas nuestras vidas!... A pesar de los dientes de conejo...

Las dos nos reímos. Nos reímos tanto, que se nos saltaron las lágrimas. Luego nos deseamos suerte y juramos que nos íbamos a escribir (sin creerlo del todo). Al final, como si quisiéramos darle gusto a las líneas de la mano, cada una salió en una dirección contraria, para tomar su bus. Yo iba para el Centro y ella, bien al Norte. Ni modo.

III. LUCÍA

No es más que un hasta luego, no es más que un breve adiós... A la mañana siguiente, la canción del grado amaneció cantándose sola entre mi cabeza, como si ese ambiente de despedida del colegio se hubiera quedado flotando en el aire. Tanto esperar a que llegara la fecha y ahora, con mi típica actitud de aguafiestas, me despertaba pensando cómo era la continuación... No acababa de salir de una cosa y la vida me estaba esperando en la esquina, con la próxima urgencia. Estuve a punto de entrar en *shock* y se me ocurrió taparme la cara con las cobijas, para seguir durmiendo un mes entero, o un siglo. Necesitaba tiempo para respirar, tiempo para estar sola, con la mente en blanco, pero mamá entró a mi cuarto y me dijo que me apurara. Hoy era el almuerzo en La Unión: una celebración especialmente organizada por mi abuela, para sus nietas trillizas, como todavía nos llamaba.

De mala gana, bajé a desayunar, medio dormida. Carlos, frente a una taza de cereal, leía los avisos clasificados del periódico. Apenas me vio, sin ni siquiera darme los buenos días, me dijo: "Oye esto, que parece escrito especialmente para ti: *Se necesita bachiller con bicicleta*". Lo miré que me lo tragaba y no le dirigí la palabra, para no caer en su trampa. Paciencia, pensé, mientras me servía el jugo de naranja. Pero él no se daba por vencido. "En serio, Lucía, este sí es el perfecto para tu nuevo perfil: *Empresa multinacional busca aseadora. Indispensable buena presentación personal, excelentes referencias y diploma de bachiller.* Ni mandado a hacer, ¿no?" Lo dijo muy serio, él sabía sacarme de casillas... y lo logró, rapidísimo. Como una tigresa, me abalancé sobre el periódico y se lo refregué en la cara, tapándole la nariz y la boca y gritando, histérica, que se largaran todos sin mí, que me dejaran en paz. Mamá tuvo que intervenir para evitar que Carlos muriera asfixiado. Me arrancó el periódico de las manos y me lanzó una mirada de horror, como si yo me acabara de volar de un manicomio; luego dijo que hoy era un día especial y que se lo estábamos amargando. Pensé que la graduada era yo, no ella, y que, por lo tanto, el día especial era mío; me levanté de la mesa llorando y me encerré en el baño. Mientras me echaba toda el agua caliente, en medio de una ducha de lágrimas, pensé en no ir al almuerzo. Que todos preguntaran y Carlos tuviera que explicar, delante de toda la familia, la clase de hermano, la alimaña asquerosa que era. Pero luego me imaginé la desilusión de mi abuela si su nieta preferida no aparecía y decidí perdonarlo. Sólo por hoy, sólo por ella. En el vapor del espejo, alcancé a verme horrible, con los párpados hinchados.

Durante el trayecto hacia La Unión cerré los ojos, para hacerme la dormida. Las palabras de la canción volvieron a sonar en mi cabeza, mezcladas con imágenes de la ceremonia de grado. Recordé retazos de los discursos de despedida, llenos de palabras como hasta siempre y nunca más, e intenté reconstruir el ritual de las fotos. La primera había sido del grupo completo, se me apareció en la mente una imagen nítida de la clase del 2000. Volví a verme entre los noventa bachilleres, con el diploma extendido, diciendo *whisky* y en mi mente, cambié la canción *de no es más que un hasta luego*, por una de Pink Floyd que le encantaba a Juliana y que cuadraba mejor. *All and all you´re just another brick in the wall*, En el fondo, no éramos sino eso: otra foto más, en la pared del colegio, con toda esa "gente reunida, que ni idea si iba a volver a encontrarse algún día. Muchos habíamos estado juntos desde Kinder hasta Once y ahora cada cual tomaba su rumbo, nada qué ver, *no es más que un breve adiós*, la canción había vuelto, por más que tratara de sintonizar a Pink Floyd. Era difícil pensar algo propio en *una ocasión tan especial*, todas las palabras habían sido repetidas una y mil veces hasta el cansancio, como esos billetes que van de mano en mano y terminan volviéndose delgados, con la cara del sabio Caldas sucia y desdibujada, cada vez más fácil de confundir con la de cualquier otro héroe. Se me vino la imagen de mamá, en primera fila, al lado de los tíos y de mis hermanos, y volví a sentir lo mismo que ayer, ese mismo nudo ciego en el estómago, cuando no encontraba a papá entre el público y no sabía si había venido, si estaba solo o mal acompañado...Luego vi otra de las fotos: yo, a la salida, en medio de un papá y una mamá convencionales, *strangers in the night*, los tres diciendo banana, para quedar bien.

Sin abrir los ojos, sentí que La Unión estaba cerca. La carretera despavimentada empezó y ese olor inconfundible a caña, a trapiche y a melcochas, ese olor de toda la vida, se me volvió a meter entre la piel, como si estuviera respirando con todos los poros del cuerpo y como si el cuerpo hubiera conservado intacta la memoria. "Ah...olor a tierra caliente", decía papá, y abría la ventanilla para aspirar el aire, siempre idéntica su frase, siempre intacta la emoción, en ese mismo punto del camino. (Aunque no estuviera más en esa carretera, pensé que él también hacía parte del paisaje, así como yo lo recordaba.) Agucé los oídos para sentir el viento, ese mismo viento que silbaba entre la caña, con su sonido inconfundible, tan antiguo como el olor, y, de nuevo, tan presente. Ahí estaba yo, entrando a mi paraíso, con esos perros sin raza, quizás los nietos de aquellos de la infancia, que habían aprendido el mismo ritual de ladrar enloquecidos, tratando de morder las ruedas del carro y anunciándole a mi abuela que habíamos vuelto a llegar. Cuando abrí los ojos, estaba delante del portón azul, con las escaleras de piedra. Me bajé del carro y me pareció oír la voz de un niño de ahora, alguno de mis primos pequeños, de esos que yo casi ni conocía, y que gritaba el "ya llegaron, llegaron, llegaron", siguiendo la vieja tradición. Mi abuela apareció, en la baranda de la escalera, con los tenis negros que había usado toda la vida. De lejos, me dio la sensación de que estaba más pequeña, como si se hubiera encogido, desde las últimas vacaciones.

Aunque las tías insistieran en decir que estaba como un retrato, la miré, antes de abrazarla, y pensé que era falso, que nadie podía creerlo en serio. (De nuevo, las frases gastadas; ese pánico de decir la verdad, así cada uno la supiera, desde el fondo de su alma.) Corrí los pasos que me faltaban, con los perros enloquecidos a mi alrededor, y la apreté todo lo que pude, en un abrazo larguísimo, sintiendo que mi cuerpo se abandonaba todo en ella, queriendo llorar y que me consolara, queriendo quedarme ahí, en esa emoción del reencuentro, siempre. Sus manos me acariciaron igual que cuando era niña, y su voz me dijo las mismas frases que sólo a ella le sonaban verdaderas: que cómo estaba de linda, que cómo había crecido, ... mi amor, casi no llegan, me tenían tan preocupada... No se dio cuenta de mis ojos hinchados por culpa de Carlos ni de lo fea que realmente debía estar. Para ella, yo seguía siendo la niña más hermosa que jamás existió, como en los cuentos de hadas que me contaba antes de dormir.

Después de saludar uno a uno, a todos los de la familia, me senté en la mesa junto a la piscina donde estaban Juliana y Valeria, ya en vestido de baño. Qué milagro de vernos, cuánto hace...dijo Juliana, tomando del pelo, y Valeria, con el gesto típico de la infancia, dijo sí, qué milagro, cuánto hace... Juli y yo nos cruzamos la mirada sin palabras de "sigue idéntica" y Valeria debió entender que acababa de caer en el libreto asignado, repitiendo sin ton ni son, aunque ahora era distinto, nadie estaba en plan de censurar a nadie. Jugábamos el mismo juego pero con plena conciencia de los papeles, sin hipocresía, y sin pretender hacer cambios innecesarios. Sabíamos que éramos distintas, "ya casi unas profesionales, cómo vuela el tiempo", dijo mi abuela, que pasó por nuestra mesa repartiendo empanadas. No se sentó un solo minuto. La misma hormiga de toda la vida, pendiente de todos.

Me fui a cambiar al cuartico de siempre y frente al espejo de siempre, recordé todas las veces que habíamos estado ahí las tres desnudas, primero inocentes y luego mirándonos de reojo, a ver cuál era la más linda, la más grande, la más boba, la más avispada, la más precoz, la más criticada. Cuando salí, en vestido de baño, Juliana y Valeria estaban entre el agua, muertas de la risa, recordando cada escena del grado: la pobre Paula que casi se mata con los tacones, la corbata amarilla del profesor de gimnasia, el discurso del representante estudiantil, tan sapo... Realmente fue un día feliz de las tres y pensé si volveríamos a encontrarnos en este mismo lugar. Nuestras vidas eran demasiado distintas para que necesitáramos vernos. De no ser por mi abuela, quién sabe hasta cuándo...

—¿A qué horas sale tu avión, Juli?

—A las siete pero tengo que estar a las cinco en el aeropuerto y salir de la casa a las cuatro de la mañana. O sea que esta noche, mejor ni me acuesto. Todavía me falta empacar un montón de cosas.

—Sí, mejor ni te acuestes —dijo Valeria (luego se dio cuenta y volvió a arrepentirse de jugar el antiguo papel)—. Aunque deberías dormir algo: mañana necesitas estar lúcida, con semejante viaje.

Juliana nos contó su itinerario. Tenía que hacer dos transbordos de avión y luego tomar un bus hasta el pueblo donde iba a vivir, pero Daniel había quedado de recogerla en el aeropuerto de Atlanta. Cuando decía la palabra Daniel, más o menos una vez en un promedio de diez palabras seguidas, la cara se le iluminaba, el miedo se le quitaba y hasta la tristeza de despedirse de su mamá y la furia que todavía tenía su papá parecían perder toda importancia. Aunque ese tipo no me daba la más mínima confianza, por todos los chismes que me habían contado en el colegio y aunque ella decía tener mariposas en el estómago, no pude evitar un corrientazo de envidia, un rezago de aquella envidia feroz de los nueve años. Yo ni siquiera había tenido un novio. Casi dieciocho años y nada. Sólo Fernando que me gustaba, pero ahora se había acabado alfabetización y no tenía ni idea si iba a volverlo a ver. De pronto en La Nacional. Él ya había pasado en historia.

—Me haces dar envidia, pero de la buena —dijo Valeria, como si leyera mi pensamiento y también lo repitiera, con ligeras variaciones—. En cambio yo mañana, tengo que madrugar para una entrevista con el decano de Sistemas.

—¿Cómo así? Si tú pasas derecho en todas las universidades, con semejante puntaje... O es que acaso, ¿eso es carreta de mi papá, para echármelo en cara? —dijo Juliana.

—Es cierto —dijo Valeria con su típica modestia, medio disculpándose—. La entrevista es para ver si me pueden dar una beca. En donde me den la beca, ahí me inscribo. Con esta situación, es lo mejor para mis papás. ("La pobre Valeria, siempre tan obediente y tan considerada, deberías seguir su ejemplo", me decía mamá, cuando quería sacarme de casillas.)

Luisa interrumpió nuestra paz con su cámara y sus órdenes fulminantes, como si todavía tuviéramos nueve años y estuviéramos enteramente bajo su custodia:

—A ver las bachilleres, digan *whisky*. Una foto de las tres. (Adivinen quién quedaba en la mitad.)

—Y otra foto con la abuela. (Son puestos fijos, sólo nos faltó decir.)

—Una foto de Lucía, con su mamá y sus hermanos. Sonríe, Carmencita, para que no quedes tan seria en las fotos Y tú también, Lucía, mira el pajarito, deja la seriedad, no aprendas las mañas de tu mamá.

—Ahora le toca el turno a Valeria.

(Entonces, hubo que salir a buscar al papá, que siempre desaparecía a la hora de los tumultos, de las fotos y de las escenas emotivas de familia.) Por último, vino lo más difícil:

—Falta una foto de Juliana, la viajera, con su familia. Pero no hagan esa cara de tragedia que se va un año, no es para siempre, el tiempo pasa volando. Y tú, Eduardo, dale un abrazo a tu hija, qué te cuesta, al menos para la posteridad.

Tía Luisa hizo que Juliana y su papá se abrazaran ese día. Nunca supe si fue por darle gusto a la abuela, por quitarse de encima a Luisa, por quedar bien en la foto, o si fue simplemente porque sí, porque los dos lo estaban necesitando. A tía Julia se le escurrieron las lágrimas y Juli no podía parar de llorar después del abrazo. Nos tocó llevarla a la cocina y darle un vodka puro "para ahogar la pena", como dijo Valeria, que fue la de la idea. (Al fin, se le ocurría algo original.) Un trago para Juliana, otro para Valeria y otro para Lucía, en el mismo orden de siempre. Tres bobas, con las bocas fruncidas, aguantando las ganas de llorar.

Fue una tarde luminosa. Así la recuerdo. Y a las seis, con un rastro de sol anaranjado, cada una se subió a un carro diferente, al lado de una familia diferente, para empezar el camino de regreso. Mi abuela se quedó en la escalera, diciéndonos adiós con la mano. Su ritual de la despedida era idéntico desde que yo tenía memoria: se quedaba ahí parada, con los ojos empañados, acompañándonos hasta el último instante y viendo cómo nos alejábamos, poquito a poco. Yo, con la nariz pegada a la ventanilla, como cuando era pequeña y se acababan las vacaciones en La Unión, seguí diciéndole adiós hasta que una nube de polvo de la carretera, la misma nube que siempre se nos atravesaba, envolvió el paisaje y borró su cara. Hoy todavía, cuando el tiempo de crecer se ha terminado, es esa imagen la que sigo llevando conmigo.